가르친다는 것 02

일과 놀이로 여는

국어
수업

잘
노는
아이가
시인이다

가르친다는 것 02

일과 놀이로 여는 국어 수업
잘 노는 아이가 시인이다

펴낸날 | 2021년 10월 15일

지은이 | 전정일

편집인 | 유은영
기획 | 대안교육연대 교육과정연구위원회
편집 | 최화명
디자인 | Jipyeong
마케팅 | 홍석근

펴낸곳 | 천개의정원
주 소 | 경기도 고양시 덕양구 중앙로558번길 16-16, 705호
전 화 | 02-706-1970 팩 스 | 02-706-1971
전자우편 | commonlifebooks@gmail.com

ISBN 979-11-6023-289-9 (03370)

* 〈천개의정원〉은 도서출판 평사리의 교육 브랜드입니다.

일과 놀이로 여는

국어 수업

전정일 지음

잘
노는
아이가
시인이다

가르친다는 것 02

이 책은 맑은샘교육공동체의 교육 성과이다. 무엇보다 과천맑은샘학교 어린이들의 아름다운 삶의 기록, 17년째 펴내 온 자랑스러운 38권의 맑은샘 글모음 《맑은샘 아이들》에 실린 어린이 글이 있어 완성되었다. 맑은샘 글모음은 해마다 어린이, 학부모, 교사가 함께 만드는 성장 기록이다. 삶을 가꾸는 일놀이와 우리말 글 교육의 놀라운 성과가 충분히 드러나지 못했다면 그건 모두 저자의 부족함이다. 일놀이와 글쓰기로 삶을 가꾸어 온 맑은샘교육공동체의 삶이 담긴 글을 담았기에, 끝내 이 책은 맑은샘 어린이들과 동료 교사들, 교육공동체 식구들이 쓴 것이다. 다시 한 번

깊은 감사를 전한다.

코로나19로 인한 우리 문명과 삶의 정체, 그리고 코로나 시대 교육의 전환을 주제로 이야기를 자주 나누는 시기이다. 작은 학교와 교육공동체로 학습자 중심 교육을 실천하고 교육 자치를 이루어 내며 행복한 교육을 일구어 온 대안교육연대 식구들이 있어서 교육과정 나눔이 책으로 나올 수 있었다. 대안교육연대 교육과정위원회와 사무국, 삶을 위한 교사대학이 함께했음을 밝혀 둔다.

특별히 삶을 위한 교사대학 유은영 상임이사의 애씀, 이홍우 사무국장, 정진아 활동가, 천개의정원 출판사의 수고로움에 감사드린다. 마지막으로 사랑하는 경미, 호진, 우진, 하늘에 계신 부모님이 반가워하리라 믿는다.

전정일 씀

차 례

일러두기

* 몇몇 단어는 국립국어원의 표준 맞춤법을 따르지 않고, 교육 현장에
  서 쓰는 말을 그대로 살렸다. 예를 들면 '비사치기'는 '비석치기'로,
  '순자르기'는 '순치기'로 썼으나, 표준어를 함께 표기해 두었다.
* 마찬가지로, 헤엄, 몸자람표, 구체로, 보통으로, 규칙 있게, 객관으로,
  기계스러운 같은, 교육 현장에서 쓰는 우리말을 그대로 살렸다.
* 본문에 인용한 아이들 글에서 비문이나 과한 문장기호, 띄어쓰기는
  수정하였으나 원문을 최대한 살렸다.

학교

학교가 그립다.

학교가 이렇게 가고 싶은 적이 없었다.

코로나19가 빨리 없어지고

학교에 가고 싶다.

송인준 5학년

아이들의 삶

기후위기로 인류 생존을 걱정하고, 코로나19로 거리 두기란 말이 우리 삶을 짓누르고 있는 때다. 우리가 살고 있는 자본주의 사회에 대한 성찰로 많은 사람이 문명의 전환과 함께 삶의 방식을 바꾸자 말하고 있고, 그 중심에 교육의 전환이 있다.

하지만 우리 아이들이 살아갈 삶은, 미래 세대를 생각하지 않는 인간과 자본의 탐욕 탓으로 인류 생존을 걱정할 만큼 위기에 처해 있다. 무거운 이야기를 할 수밖에 없는 까닭은 우리 아이들이 살아갈 사회와 삶이기 때문이다.

말과 글은 삶을 말하고 쓰는 것이기에 우리 아이들

이 마주한 삶을 이야기하는 것이 먼저다. 코로나19 같은 유행성 독감 또한 인간이 자연 생태계를 파괴한 탓에 야생동물에게서 살던 바이러스가 사람한테 옮겨 온 것이고, 인간이 한 번도 만나 본 적이 없는 동토층의 잠자던 바이러스도 줄곧 나타나는 위기의 시대, 교육은 더더욱 전환을 담아야 한다. 그레타 툰베리^{Greta Thunberg}의 외침처럼 기후위기를 교과서에 가두지 않고 앎과 행함이 일치되는 교육으로 바꿔 내야 한다. 더 적극으로 전환을 교육 속에 담아야 할 때다.

기회가 있을 때마다 가장 행복할 때, 좋을 때가 언제인지 아이들에게 물어본다. 예상대로 많은 대답이 놀 때, 맛있는 음식을 먹을 때다. 그런데 요즘은 컴퓨터와 스마트폰 놀이가 아이들 삶 속으로 들어와 있는 시대다. 먹는다는 것은 패스트푸드를 먹거나 외식할 때를 말한다. 또 놀 때와 먹을 때를 빼고 언제가 가장 좋은지 물으니 뭔가를 살 때, 누군가와 놀러 갈 때라고 답한다. 물론 나이가 들수록 부모를 찾지 않고 동무들과 선후배들과 놀러 가는 것을 더 좋아한다. 다 그런 건 아니지만 많은 아이들이 부모님에게 가장 서운할 때가 원하는 걸 사 주지 않을 때, 마음을 몰라 줄

때이고, 가장 좋을 때가 함께 있을 때라고 했다.

아이들의 대답 속에 우리 어른들이 만들어 온 부끄러운 현실이 고스란히 담겨 있다. 모두가 알다시피 돈이 최고의 가치인 사회, 소비가 칭찬받는 사회, 경쟁과 성적이 최고인 교육 현실, 학벌과 욕망의 사회에서 우리 아이들이 살고 있다.

그런데 우리 아이들이 마주한 삶이 말글 영역과 생활에서는 어떻게 드러나고 있을까? 미디어 리터러시를 말할 만큼 스마트폰이 아이들 삶 속에 들어온 디지털 시대에 우리 아이들의 읽기 능력은 어떨까? 생각해서 글을 쓰는 것보다 블로그 형태의 짧은 글이나 영상에 갈수록 더 익숙해져 가는 아이들에게 정교한 뇌 작용을 거쳐야 하는 글쓰기가 어떻게 다가갈까? 글쓰기를 두려워하는 아이들을 교사들은 어떻게 지도해야 할까? 책보다 스마트폰 영상이 더 익숙한 세대의 아이들에게 독서 지도는 어떻게 해야 할까?

아이들과 함께 살아가는 부모와 선생이면 한 번쯤은 묻거나 논의한 주제들이며, 교육 현장에서 우리말글을 가르쳐야 하는 선생들에게는 날마다 되뇌는 물음이기도 하다. 더욱이 자본주의, 입시와 경쟁의 교육 체제, 소비문화와 학벌 체제, 디지털 기술의 명암, 4차 산업혁명과 인공지능 같은 이야기들이 교육 속에 쑥 들어와 있는 현실에서, 이런 문제들은 몸과 마음을 건강하게 키워 가는 교육의 바탕을 생각하는 교육 현장에서는 갈수록 어려운 주제들이다.

우리는 이러한 현실에서 우리 아이들을 만나고 있다. 그러니 무엇보다도 도시 속 자본과 소비사회, 경쟁과 학벌사회에서 억눌려 살아가는 우리 아이들의 삶을 깊이 보듬어 주는 것이 먼저이고, 학습보다 먼저 아이들 몸과 마음이 튼튼하도록 살피는 것이 부모와 교사가 할 일이다. 또한, 할 수 있는 한 아이들에게 마음껏 놀 수 있는 자유를 주는 것과, 오늘을 즐겁고 행복하게 살고 감성과 추억을 쌓도록 도와주는 것은 정말 귀한 일일 수밖에 없다. 물론 뒤처진 공부를 잡아주고 아이들이 학교에서 자신감 있게 지낼 수 있도록 도와주는 일은 당연한 몫이다.

틈날 때마다 만들고 생산하는 기쁨을 찾는 놀이와 협동하는 즐거움을 느끼는 놀이로 아이들 삶을 가꾸고, 자연 교육, 일과 놀이 교육, 글쓰기 교육으로 아이들 삶을 가꾸는 교육은 어느 때보다 귀하다. 끝내 우리말 글 교육은 아이들 삶을 북돋우며 몸과 마음을 건강하게 키워 갈 것이다.

1장

교사 일기 맛보기

아이들 손끝에서 시작하는 일과 놀이 수업

자연보다 참되고 아름답고 훌륭한 스승은 없다.

어린이는 자연 가운데 일하고 놀고 배워야 한다.

일놀이는 교육과정을 세우는 데 바탕이요 뼈대이다.

우리말과 우리글 교육은 듣기, 말하기, 읽기, 쓰기 영역으로 나누지만, 국어 교과에만 국한되지 않는다. 놀이와 일이 하나인 아이들에게 말과 글은 책과 교실 속에만 있는 게 아니기 때문이다.

　그렇기에 사람의 삶에서 가장 중요한 놀이의 특성, 일놀이(노작 교육, 프로젝트 교육, 살림반 교육) 영역에서 철학과 방법을 세워 놓는 것은 부모와 교사에게 아주 중요한 일이다. 일놀이 속에 말과 글이 있고, 사라져 가는 언어의 복원, 뇌의 조화로운 발달이 함께 가기 때문이다. 따라서 우리말과 우리글은 일놀이 교육과 뗄 수 없고 말과 글 교육의 바탕으로 삼아야 한다.

날마다 써 온 교사 일기에서 부족하지만 일놀이 교육과 교과통합을 엿볼 수 있다. 이번 장에서는 우선 4편의 교사 일기를 읽고 이야기를 나눠 보자.

관찰과 손끝으로 날마다 과학·수학이다

이슬이 묻는다. 가을 텃밭 가는 길 옆은 호박넝쿨이 밭처럼 뒤덮고 있다. 아침 산책길 텃밭에서 저마다 고추를 따고, 오이와 개구리참외, 사과참외를 땄다. 숲속 밧줄놀이터 앞밭에서는 쥐이빨옥수수 작은 걸 땄는데 너무 작아 씨앗 갈무리하기에는 마땅치 않다. 텃밭 고춧대는 곧 뽑아도 되겠다. 지난번처럼 고구마순을 따자고 하니 모기 탓에 싫다고 가 버린다. 학교로 들어와 부엌에서는 항아리 관찰이 시작됐다. 어제 담은 막걸리항아리를 열자마자 빡빡하게 물을 머금은 고두밥이 보인다. 쌀과 누룩 때문에 걱정했는데 제대로 누룩의 힘이 보인다. 자연스레 고체가 액체를 빨아들이는 과정을 보고, 고체가 새로운 성질의 액체를 만들어 내며 기체를 생산하는 것을 모두 관찰하게 되는 과학실험인 셈이다. 이산화탄소를 만들어 내며 고두밥과 누룩, 물이 만나 화학반응을 일으키는 과정을 눈으로 맛으로 확인하게 될 것이다. 예정된 이산화탄소 풍선 실험을 거치면 화학반응과 팽창과 수축, 액체와 기체, 고체의 성질을 다시 기억해 내고 반복하겠다. 열기구 실험과 항아리 기체 실험에 이어 가을과 겨울학기에도 과학실험이 줄곧 다양하게 펼쳐진다. 3층 쪽마루로 옮겨 태양열로 말리고 있는 고추를 보았다. 일주일 만에 아주 곱게 말라 있다. 한쪽으로 밀어 두고, 오늘 딴 고추를 모아 한쪽에 다시 널었다. 태양열의 힘을 자연스레 관찰한다. 마당에서 그냥 햇빛에 말리고 있는 고추와 견줄 만하다. 나중에는 말린 고추 무게를 재고 고춧가루가 얼마나 나오는지 실험하게 되겠다. 텃밭이 준 선물로 교과통합을 해 볼 수 있어 좋다. 다락방에서 키우는 누룩은 여전히 뜨겁게 품온이 올라가는 녀석과 식어서 균들이 모여들고 있는 누룩을 볼 수 있다. 우리 몸에 유익한 균들이 어떻게 만들어지는지 보고 만지며 배워 간다. 교실에 둔 돋보기와 루페, 전자현미경을 쓸 때가 되었다.

모래놀이터와 수학

　요즘 6학년 1학기 수학 셈은 소수와 분수 사칙연산이라 소수 나눗셈과 곱셈을 줄곧 연습하고 있는 때다. 문제집으로 다루고 있는 1학기 책은 진도가 거의 다 나갔고 익힘 문제만 조금 남아 있어서, 그동안 배운 꼭지들을 다시 정리하는 걸 시작으로 여름학기 수학을 하기로 했다. 소수 연산과 원주율, 원의 면적 구하기를 어제 만든 모래놀이터에서 했다. 우리가 만든 모래놀이터 면적과 둘레 길이가 얼마나 될지 계산해 보는 거다. 줄자로 반지름을 재면 그동안 배운 파이를 써서 구할 수 있는 걸 아이들이 모두 기억하고 있다. 숲속 놀이터에서 반지름이 165센티미터인 원의 면적을 구하느라 6학년 아이들이 수학 공책에 셈 과정을 쓰며 집중하고 있는데 1학년 아이들이 놀러 와 신기하게 쳐다본다. 6학년 교실에 자주 들어오는 아이들답게 궁금한 게 많다. 끝내 같이 줄자를 써서 재 봤다. 6학년 아이들은 165센티미터를 1.65미터로 바꿔 계산하는데 소수 세 자리 곱셈이 자연스럽다. 1.65 × 1.65 × 3.14 값을 저마다 구한 뒤 교실로 들어와 차분히 칠판에서 함께 확인을 했다. 지난번 텃밭 면적이나 움집 면적과 원주 공부를 한 적이 있어 익숙하다. 먼저 원의 면적을 구하고, 원의 둘레를 계산한 뒤 평으로 단위 환산을 해야 해서 3.3으로 나눗셈이 이어진다. 몇 차례 계산 끝에 정확한 수치를 맞추니 둘레는 10

미터가 나오고 면적이 2.5평이 넘게 나오자 아이들이 묻는다.

"우리 모래놀이터가 이렇게 커요?"

"그렇지, 이렇게 클 리가 없어. 다시 계산해 볼까?"

다시 계산을 해도 같은 수치가 나오자 성범이가 새로운 방법을 내놓는다.

"반지름 길이대로 실을 잘라 원을 그리고 둘레를 재 봐요."

"1.65미터나 165센티미터로 자르면 너무 크니 축소해서 1.65센티미터 실로 하면 좋을 것 같아."

실을 자로 재고 가위로 실을 자른 뒤 반지름을 표시하고 컴퍼스로 원을 그려 길이를 쟀다. 계산한 대로 10미터가 넘는 수치가 나온다.

"어, 맞는데요. 모래놀이터는 작은데?"

"그렇지. 증명했으니 결론을 내면 되겠네."

"모래놀이터는 원이 아니다가 결론이에요?"

"그렇지. 우리가 만든 모래놀이터는 원처럼 보이지만 정확한 원이 아닌 거지. 따라서 반지름이 1.65미터인 원의 둘레는 10미터가 넘고 면적도 2.5평이 넘는 게 맞다는 거야. 그럼 모래놀이터는 1평은 넘고 2평은 넘지 않는 걸로 추정할 수 있겠네. 다음에 모래놀이터 면적을 구하려면, 지난번 텃밭 면적 구할 때처럼 여러 도형 계산을 같이 해야 할지도 몰라. 그 방법은 다음에 다시 연구해 보는 걸로 하자."

증명 활동까지 한 뒤 나온 결론이니 모두가 뿌듯해한다. 수학 공책에 풀이 과정을 쓰고 그림을 자세히 그리고 결론까지 써넣어 마무리 지으니 한 시간이 훌쩍 지났다. 우리가 만든 놀이터로 수학을 하는 재미가 쏠쏠하다. 우리가 하는 수많은 활동에서 수학·과학과 인지 교과를 끌어내려면 선생이 준비할 게 많겠다. 쉬는 시간이 끝나고서는 6월 달력을 만들며 여름학기 공부 계획을 세우고 함께 나눌 이야기를 찾는다.

일놀이 교과통합의 날답게

아침 나절에 과학실험을 먼저 하고 수학을 한다. 상반기에 액체, 고체, 기체 성질과 분류를 누룩발효, 열기구 실험으로 이어 왔는데, 이번에는 항아리 과학실험이다. 미리 학교에 있던 항아리들을 모두 살펴보고 새는 걸 따로 모아 빼 놓았다. 그리고 항아리에 액체인 물을 넣어 눈금으로 확인한 뒤 옥상으로 가져가 연기 실험을 해서 마무리 지은 뒤 귀한 우리 조선간장을 넣을 계획이었다. 토종콩 농사로 메주를 쓰고 장을 가른 조선간장은 미리 한 번 더 끓여서 식혀 놓았다. 사정이 있어 항아리가 바뀌었지만, 실험에는 지장이 없다. 마당에서 항아리를 소독하고 새는 곳을 찾기 위해 밀짚을 불에 붙였더니 아이들이 밀 이삭을 주워 와서 불에 구워 먹는다. 산소, 연소, 기체의 성질 이야기가 자연스럽다. 항아리 과학은 말해 무엇 하랴. 일놀이 교과통합은 줄곧 된다.

수학 시간에는 천의 보수놀이와 곱셈을 확인한 뒤 1차 발효를 마친 발효빵 반죽을 꺼내 2차 발효 채비를 했다. 잘 부풀었다. 처음으로 건포도 소를 넣어 본다. 그리고 텃밭에서 딴 토마토로 케첩 같은 토마토퓌레를 만들어 텃밭에서 캔 감자를 튀겨서 찍어 먹는다. 텃밭에서 거두어 새참으로 먹는 셈이다. 다 함께 심고, 기르고, 캐거나 따서 음식을 만들어 같이 먹으니 건강한 밥상, 먹을거리 교육은 저절로 된다. 그래도 불량과자의 유혹은 어린이 세상에서 어찌 할 수 없다. 세상의 모든 먹을거리 회사나 가게는 자식에게 안전하게 먹일 수 있는 걸 내놓아야 한다.

낮에는 목공수학으로 직조틀을 만드는데, 일정한 간

격으로 재고 표시하기 위해 셈을 하느라 애를 쓴다. 지난번에 만들어 놓은 직조틀에 못을 박는 일에서도 일머리를 키우고 수학을 하게 된다. 모둠마다 하나씩 만들다 보니 저절로 일 나누기를 한다. 한 어린이가 자로 재서 점과 선을 표시한 뒤 한 변을 맡아 못을 박는다. 따로 가르치지 않아도 협력과 분업을 하는구나 싶다. 덕분에 일찍 일을 마친 어린이들은 감자를 채 썰어 튀길 준비를 했다. 마무리는 선생이 튀긴다. 모둠마다 한 사람이 2차 발효를 마친 반죽에 칼질을 해서 빵을 구웠다.

어린이발효빵 수업으로 새참을 만들었으니 내일 덕적도 가는 길에 맛있게 먹겠다. 자두, 마늘, 살구가 밀가루와 만나 빵이 되었다. 처음으로 소를 넣었더니 더 맛나단다.

'파이의 날' 규칙과 기준을 찾는 수학

우리 학교에서 수학은 놀이이자 삶을 가꾸는 시간이다. 전체로 보는 눈을 갖도록 대칭과 규칙을 찾아내고, 기준을 세워 문제해결 능력을 기르도록 한다. 수와 셈 익히기도 아주 중요하지만, 계산과 문제풀이로 수학을 느끼게 하지 않고 삶의 줏대와 잣대를 길러 삶을 가꾸는 게 먼저라고 본다. 학년마다 덧셈, 뺄셈, 곱셈, 나눗셈과 자연수와 분수·소수의 사칙연산, 도형, 측정 영역을 알맞게 나누어서 하고, 생명을 살리는 머리셈이나 알맞은 문제 풀기로 사칙연산을 익히기도 하고, 모둠마다 선생들이 활동지를 만들고 문제풀이 수학이 아닌 창의력과 문제해결 능력을 기르려 애를 쓴다. 수학이 수와 셈만 다루는 것이 아니라 우리 삶과 자연에 가득하다는 걸 보여 주려 애쓰는 것이다. 그래서 수학 시간은 놀이와 신기함이 있는 활동들이 많다. 음식을 만들 때도, 자신이 쓸 책상을 만들 때도, 몸자람표(신체검사표)를 만들 때도, 메주를 만들면서도, 집을 짓고 평상을 만들면서도, 텃밭을 잴 때도, 텃밭과 뒷산과 길 위에서도, 종이접기로, 구슬로, 딱지로, 콩으로, 선그리기로, 재고 만들고 그리고 쓰며 온몸으로 수학을 한다. 그렇기에 아이들에게는 놀이와 수학은 늘 붙어 있다. 물론 높은 학년에게는 차분히 앉아 셈을 하는 시간과 집에서 풀어 와야 할 숙제도 갈수록 늘어난다. 대안학교에서 숙제가 있다고 하면 웃으려나. 그러나 익힘은 어느 곳에서나 필요하기에 아이에게 부담이 되고 괴로운 일이 되지 않으면 그만이다. 또한 익히는 과정에 아이들이 수학을 지겹고 삶과 떨어진

쓸모없는 것으로 문제집 푸는 것만을 수학이라고 생각하지 않도록, 철학이 녹아 있는 수학 활동의 힘을 바탕으로 익힘의 시간이 필요하다는 것을 잊어서는 안 된다. 배움의 열정을 이어 가기 위해 필요한 익힘은 아이 기운에 맞게 알맞게 들어가야 한다. 일정한 추상의 단계에서는 재미 여부와 상관없이 수학에 대한 선호도가 그대로 드러나기도 하고 수학에 대한 자신감으로 연결되기도 한다. 그러나 대개 초등 수학은 자연 속 일과 놀이로 양감을 직관으로 기르고 규칙과 기준을 세우고 문제해결력과 상상의 힘을 높여 가는 것이니 몸을 쓰고 이야기가 있는 수학 활동에 정성을 기울여야 한다. 초등 수학에서 지나친 익힘은 추상 단계에서 필요한 끈기와 호기심의 싹을 잘라 버릴 수 있다. 알맞게 익히며 자신감을 길러 주되 독이 되지 않도록 가르치는 사람이 욕심을 내려놓아야 한다. 어려운 일이지만 알맞게 익힘이 자신감에 필요하다면 수업 시간 구성과 저마다 기운에 맞게 과제를 내놓는 것도 소홀해서는 안 되겠다. 골고루, 때론 저마다 좋아하는 영역이 조화롭게 발달하도록 돕는 몫이 크다. 높은 학년에서는 입체도형을 만들어 보며 겉넓이를 구한다. 그때 역시 아이마다 배우는 속도와 저마다 느끼는 수학이 참 다르다는 생각이 들었다. 누구에게나 어려운 부분은 있다. 또한 아이들 모두 다 수학을 좋아하는 건 아니다. 그래도 모둠마다 재미있는 수학활동을 하고 오늘처럼 모두가 수학을 즐기는 날을 자주 가져서, 앉아서 셈만 하는 것으로는 줄 수 없는 삶의 줏대와 잣대를 기를 수 있음을 날마다 확인한다.

오늘 한 수학놀이를 다시 생각해 본다. 대칭과 규칙을 한눈에 보여 주는 프랙털, 일곱 조각으로 도형과 공간의 상상력을 북돋우는 칠교, 곧은선으로 굽은선을 그리는 스트링아트, 수학 기호의 유래를 듣고 수학 기호를 얼굴에 그리며 +, −, ×, ÷, = 등 다양한 수학 기호를 만나는 수학 페이스페인팅, 모두 색다른 시각과 새로운 세계를 상상하게 해 주었다.

중국에서 5천 년 전에 시작되어 세상에서 가장 정교한 놀이로 알려진 칠교는 아이들의 창의력을 키우는 데 매우 큰 도움이 된다. 일곱 개의 도형으로 정말 많은 모양을 만들고 도형에 대한 이해를 높일 수 있으며, 눈과 손을 동시에 써서 즐기는 놀이이다. 수학 페이스페인팅은 수학 기호를 알고 셈을 하며 몸에 수학 그림을 그리는 활동이다. 아이들은 수학 페이스페인팅으로 수학을 재미있고 신나는 미술 활동으로 익히며 수학과 친해질 수 있다. 곧은선을 굽은선으로 만들어 내는 스트링아트는 도형 안에 규칙 있게 점을 찍거나 모든 점을 직선으로 연결해 곡선을 만들어 낸다. 잘 보면 원이나 사각형 같은 도형이 다 점으로 이루어져 있는데, 그 점들을 일정한 규칙에 따라 선으로 연결하면 선들이 모여서 곡선이 되는 것이다. 색연필로 그리는 것도 예쁘지만 여러 가지 색깔의 실을 바늘에 꿰어 하면 완성되는 예술이기도 하다. 물론 시간이 오래 걸린다. 프랙털이란, 작은 구조가 전체 구조와 비슷한 형태로 끝없이 되풀이되는 구조를 말한다. 자기 유사성을 갖는 기하학 구조를 프랙털 구조라고도 한다. 프랙털 카드의 핵심은 같은 과정을 원하는 만큼 계속 반복하는 것이다.

2장

일과 놀이로
교과를
통합하다

공부

공부는 누가 시켜서 하는 게
아니라 스스로 하는 것이다.
스스로 하면 더 뿌듯하고
공부가 잘되기 때문이다.

박시우 6학년

아이들은 스스로 놀아야 한다

우리는 객관으로 우리 아이들을 둘러싼 세상을 들여다볼 필요가 있다. 그러면 놀이가 사라진 사회, 함께 놀 줄 모르는 아이들, 컴퓨터와 스마트폰이 아이들을 중독시켜 가는 사회가 보인다. 오롯이 자연 속에서 실컷 놀며 자연이 가르쳐 준 감성과 모험에 도전하는 진정한 용기를 배우고 상상력과 집중력을 기를 기회 없이 어릴 때부터 학습과 성적에 시달리는 슬픈 영혼들이 있다.

누가 우리 아이들에게서 자유와 온전한 배움의 기

회를 빼앗아 갔을까? 왜 교육받을수록 우리는 더 멍청해지는 걸까? 아이들의 몸과 마음이 건강하게 자라도록 돕는 교육을 말하면서 왜 바꾸지는 못하는 걸까?

골목에서 들려오는 깔깔거리는 아이들 소리를 듣는 것은 이제 아주 드문 세상이 됐다. 아이들은 학교와 학원 일정에 맞춰 시간표를 짜는 일상을 익숙하게 받아들이고 파괴와 충동으로 가득 찬 게임 세계에서 살아 있음을 확인해 가고, 기업은 날마다 더 강력한 유혹을 담은 멋진 바보 기계들을 만들어 내고 있다. 어른들은 도시에서 살아남기 위해 일하고, 아이들에게 장난감과 새 전자 기기를 안기며 아이와 함께하지 못한 시간을 보상한다. 시골이나 도시나 삶의 모습이 비슷하다.

그런데 이런 현실에서도 아이들에게 꿈을 키워주고 몸과 마음이 건강하게 자라도록 자유와 사랑이 넘치는 공동체를 만들어 가는 대안교육 사람들이 있다. 만남과 관계를 귀하게 여기고 아이들에게 마음껏 뛰어놀 시간과 기회, 공간을 만들어 주는 공동체가 있다.

자연 속에서 실컷 놀아 본 아이들이야말로 사람다운 감성으로 함께 살아갈 수 있다는 것을 아는 것이다. 세상을 만들어 온 노동, 일하는 사람들이야말로 이 세상에서 가장 아름다운 말이라고 가르치는 학교와 공동체에서 자라는 아이들에게는 자연의 야성이 살아 있다. 본디 자연의 일부인 사람의 본성이 유전자에 그대로 각인되어 있음을 보여 주는 걸 우리는 날마다 교육 현장에서 확인하고 있다. 오늘 많은 사람이 가지 않는 길에서 주인답게 함께 살아가려는 대안교육의 가치는 말 그대로 사회의 대안으로, 교육의 대안으로 울림을 주고 있다.

　대안교육에서 가장 많이 듣는 말이 무엇일까? 건강, 자유, 자발성, 자존감, 생명, 평화, 평등, 사랑, 통합, 전인 교육, 조화, 민주……. 정말 많다. 초등 교육과정에서는 '많이 논다.'는 것이겠다. 그 가운데 '자연 속에서 실컷 논다.'가 모두가 공감하는 말일 것이다. 대안교육연대 소속 대안학교들이 이런 정신으로 교육과정을 운영하고 있다.

　그런데 더 정성을 들이고 강조하는 교육과정은 학교마다 다르지만, 크게 보면 일놀이 교육, 글쓰기 교육, 여행이 한 축이 될 수 있다. 무엇보다 학교 모든 교육과정의 바탕이자 몸과 마음이 건강한 사람으로 키워 가는 교육 목표를 실현하는 데 중심에 두는 일과 놀이 교육 이야기는 교육 현장에서 끊임없이 시도되고 있다.

물론, 교육의 바탕으로 꼽는 것은 다음과 같다.

'자연보다 참되고 아름답고 훌륭한 스승은 없다.'
'어린이는 자연 가운데 일하고 놀고 배워야 한다.'
'일놀이(노작 교육)는 교육과정을 세우는 데 바탕이요 뼈대이다.'

이 가운데 자연 속 일과 놀이 교육에 조금 더 집중하려고 한다. 우리말과 우리글 교육의 바탕은 아이들 삶을 가꾸는 것이기 때문이다. 일과 놀이로 삶을 가꾸면서 살려 내는 말과 글은 그대로 교육을 살찌우는 길이다.

컴퓨터와 스마트폰이 아이들을 중독시켜 가는 사회에서 놀이에 대해 다시 생각해 본다. 아이의 자발성과 주도성이 사라지는 순간 놀이의 즐거움은 줄어든다. 그렇기에 선생들은 늘 조심스럽다. 놀 거리를 꺼내 놓긴 하지만 노는 것은 오롯이 아이들의 몫이기 때문이다. 놀이는 놀이 자체로 즐기면 그만일 뿐 목적이 없고, 어른들이 정해 준 규칙 없이 내 마음대로 노는 놀이가 아이들 세상에서는 중요하다. 놀고 놀다 보면 저절로 규칙을 만들게 되고 서로 마음도 받아들이고 스스로 자신을 돌아보는 힘이 생기는 걸 우리 아이들이 날마다 하는 비석치기('비사치기'가 표준어 – 편집자 주)를 보면 확인할 수 있다. 적당히 몸을 쓰고, 놀면서 안전을 찾아가며, 마음껏 빠져 놀며 놀이나 동무들 마음이 자기 마음대로 되지 않음을 배워 가고 있다.

빈 시간, 자연과 밭과 논 놀이터, 흔한 자연물 놀이감

우리는 아이들이 자유롭게 마음껏 놀고, 끊임없이 상상하며 놀도록 도와야 한다. 그러려면 무엇보다 아이들에게는 비어 있는 시간이 많아야 한다. 그리고 우리는 아이들이 아무것도 안 하고 뒹굴뒹굴하다가 스스로 뭔가 찾아내도록 기다려 주는 선생과 부모가 되어야 할지도 모른다. 놀이의 주도권을 아이가 갖도록,

아이가 시작하고 아이가 하고 싶어 하고 아이가 하도록 부모와 선생은 그저 따라가며 도와주는 노릇도 중요하겠다.

그런데 아무리 살펴봐도 아이들이 진짜 놀이를 할 수 있는 곳은 불확실하고 다양함이 살아 있는 자연만 한 곳이 없다. 놀잇감이 많다고 놀이가 풍성한 건 아니며 아이가 잘 노는 건 아니다. 진짜 놀이에는 흔한 놀잇감이 가장 좋다. 새로운 장난감으로 조심스럽게 노는 것보다 익숙하고 편안한 장난감으로 반복해서 노는 것이 뇌와 창의성에 더 좋다. 일상에서 자주 갖고 노는 흔한 놀잇감이 진짜 놀이를 하게 한다. 장난감은 놀이의 소품일 뿐이다.

어렸을 때 아이들에게 좋은 놀이로 찰흙(물과 흙), 공, 소꿉놀이, 블록 놀이를 꼽는 사람들이 많다. 이런 놀이도 놀이지만 우리는 자연과 텃밭과 논에서 노는 것도 아이들에게 매우 좋다는 걸 날마다 교육 활동에서 확인한다. 일하며 놀고, 놀면서 일하고, 해야 하지만 하는 순간 놀이가 되고, 어느 때는 푹 빠져서 몰입의 순간을 맛보는 일과 놀이 교육이 주는 힘은 날마다 아이들을 자라게 한다. 물론 넓은 운동장에서 마음껏 공을 차고, 교실에서 블록 놀이와 손끝 활동을 하고, 마당에서 소꿉놀이 하는 것도 필요하다. 하지만 우리 아이들은 어느 곳에서든 어떤 자연물로도 놀이를 만들어 낼 수 있기에, 우리는 되도록 돈 주고 사는 장난감보다는 재미있는 놀잇감을 찾아 주고 만들어 주려고 애쓴다.

그러나 우리 아이들 역시 비싼 장난감이 주는 즐거움을 늘 갈망한다. 얼마나 기가 막히는 장난감이 많은지 어른이 봐도 혹하는 게 참 많은 세상이고, 놀잇감이 넘치는 세상에서 우리 아이들은 부족함 없이 놀이 도구를 얻을 수 있다. 그래서 생산하는 놀이, 자연에서 노는 놀이로 어린이 삶을 가꾸는 게 참 어렵다. 한두 어린이가 새로운 놀잇감을 내보이는 순간 수많은 어린이가 영향을 받아 집마다 사 달라고 조르는 상황이 생기기 때문이다. 그래서 어린이 문화는 오롯이 어린이들끼리만 만들어 가기 어려울 때가 생긴다. 올해는 레고 놀이가 유행하지만, 또 어떤 때는 비싼 운동 도구를 사는 바람이 일었던 때도 있었다. 날마다 뭔가를 사라고 쏟아 내는 소비사회는 늘 경계를 넘어 아이들을 유혹한다. 이번엔 레고였고 언제는 유희왕 카드였다. 그러니 어른들과 선생들이 나서서, 공동체와 마을이 나서서 가꿔야 할 몫이 있는 것이다.

한편으로 무슨 놀이공원 같은 것도 우리 아이들이 참 가고 싶어 하는데 어른들이 잘 들여다볼 필요가 있다. 옛날 우리 어릴 적만 해도 아이들이 골목에서 마음껏 놀았다. 차가 없었던 게 가장 큰 까닭이다. 그때는 아이들이 골목에서 안전하게 놀 수 있는 환경이었는데 지금은 아니다. 골목마다 차가 다니면서 아이들 안전을 위협한다. 또 험한 사고 이야기가 들리면 어떤가? 그래서 큰 아이들은 피시방에 가고, 어린이들은 안전한 공간에서 놀이 선생을 구해 놀게 한다. 주말이면 부모들이 데리고 가는 놀이공원을 자세히 들여다보면, 아이들에게 신비한 힘, 상상력을 길러 주고, 함께 노는 사람들과 관계를 맺으며 소통을 넓혀 주는 놀이를 찾기 힘들다. 그저 소비하는 것만 잔뜩 배워 온다. 비싸고 싼 것을 알게 되고, 줄을 빨리 잘 서야 한다는 것을 배울 뿐이다. 그러니 놀이공원은 어쩌다 한 번 가는 거지, 자주 갈 필요는 없다.

그래서 선생들은 되도록 학교에서 전래놀이와 가장 흔한 자연물에서 놀이를 찾도록 도와야 한다. 흔한 자연물, 오랫동안 검증되어 온 전래놀이야말로 놀이가 주는 힘을 모두 끌어낼 수 있다. 이는 비석치기와 막대기 놀이, 마당놀이를 하며 놀이로 다른 사람과 소통하는 법을 배우고 관계를 확장하는 아이들을 볼 때마다 확인하는 것이다.

충동과 편향된 쾌락을 높이는 컴퓨터와 스마트폰 놀이로는 결코 배울 수 없는 것들이다. 그런데 큰 걱정은 많은 어른들이 아이들의 스마트폰과 컴퓨터 놀이에 관대하다는 점이다. 다들 그러니 어쩔 수 없다는 말로 아이들에게 더 최신 컴퓨터와 스마트폰을 안겨 주어 진정한 자존감이 아닌 소비 신분에서 우월함을 보여 주는 매개로 사용하도록 허락하고 있다. 너무 막으면 더 그런다는 심리를 모르는 건 아니다. 중요한 것은 스마트폰과 컴퓨터 게임의 폐해가 아이들에게 정말 심각하다는 사실을 어른들이 깨달아야 한다는 것이다. 대충 양보하고 져 줄 문제가 아니다. 다른 아이들은 모두 있는데 우리 아이만 없어서 어쩔 수 없는 경우가 많을 것이다. 우리 아이들 가운데서도 스스로 거부할 수 있는 아이가 얼마나 있겠는가? 그만큼 대단한 장난감이 출현한 세상이다. 어른들도 확 넘어가 중독되어 가는데 말해 뭐 하겠는가? 그렇기에 우리 어른들이 나서서 대책을 찾아야 한다. 건강한 놀이 문화를 만들 필요가 있는 것이다. 아이들과 끊임없이 이야기하며 함께 해결해 가는 과정이 필요하다. 초등 교육과정보다 전자기기 사용이 더 자유로운 중등 교육과정에서는 날마다 이 문제가 토론 주제다.

선생도 푹 빠져 아이들과 놀자

잘 놀 줄 아는 아이가 몸도 마음도 건강하다는 사실은 놀이 예찬을 펴는 수많은 전문가와 교육자들의 의견이다. 혼자서도 잘 놀고 어울려서도 잘 놀 줄 아는 아이야말로 문제해결 능력도 창의력도 사회성도 좋다는 것을 부정하는 사람은 없다. 프뢰벨Friedrich W. A. Fröbel은 놀이가 아이의 내적 힘을 발현시키는 완벽한 수단이라고 했다. 아이는 놀이로 세상을 배워 간다.

높은 학년이 되어 가면서 아이들 발달 과정에 알맞게 놀이를 찾아가지만 일과 놀이를 함께하도록 도와주는 사람이 있어야 한다. 따라서 선생은 아이들처럼 충분히 빠져 놀고 몰입하는 순간이 많아야 하고, 즐겁게 놀 것을 찾아내어 아이들과 함께 온전히 빠져서 놀 줄 알아야 한다. 놀아 주는 게 아니라 자기가 더 재미있어서 빠져들어야 아이들 세상에서 줄곧 살아갈 수 있기 때문이며, 그럴 때 행복할 수 있기에 그렇다. 아이들에게는 잘 놀아 주는 걸로 보일 수도 있지만 그렇게 아이들과 똑같은 마음으로 놀 수 있도록 몸을 잘 챙기는 게 선생이고 보면, 대안학교 선생들은 참 애쓸 게 많은 셈이다. 우리는 아이들 힘을 믿고 아이들 세상에서 아이들 처지와 마음으로 천천히 기다리며 어른과 선생이 할 몫을 찾아야 한다.

일이 놀이다

아이들에게 일과 놀이는 하나다. 일이 놀이이다. 본디 처음에는 일과 놀이가 하나였는데 시대가 바뀌어 지금 자본주의 사회에서는 일과 놀이가 분리되어 있다. 이로 인해 통일이 아닌 분리가 심각한 문제를 낳고 있다. 옛날 농촌 사회에서 아이들은 자연스레 일하는 부모를 보고 자랐고, 식구들이 먹고살려면 아이도 당연히 일해야 했다. 아이가 모내기할 때 모를 나르고, 물 심부름을 하고, 못줄을 잡고, 밭에서 함께 감자와 고구마를 캐고, 땔감을 구하고, 동생을 돌보고, 빨래와 설거지도 해야 했던 시절이 있었다.

그런데 요즘 세상은 아이들에게 일이란 책상에 앉아 책을 읽고 지식을 넣는 것이 전부이다. 더욱이 부모들이 일하는 모습을 볼 수가 없다. 부모가 무슨 일을 하는지 알 수 없고, 부모 또한 자식들에게 내가 하는 일이 얼마나 소중한 일인지 말할 기회가 없다. 노동과 정신의 분리뿐만 아니라 모든 것을 분리하고 파편화해서 전체를 보지 못하게 하는 사회에서, 집마다 아이가 한둘뿐인데다가, 예전과 다르게 부모의 자식 사랑이 넘치는 세상이기에, 아이에게는 공부만 하라고 하며 부모가 다 해 주고 있는 게 보통이다. 안타까운 일이다.

농촌 사회든 현대 산업 사회든 정보화 사회든 아이들이 온몸을 쓰고 일하는 것은 아이 뇌와 정서 발달에 이루 말할 수 없이 중요하다. 어린 시절에 쌓은 감성이 얼마나 귀한지 모두 알고 있지 않은가. 그런데 많은 어른이 어릴 때부터 아이들에게 학습을 강요하고, 아이들을 학원으로 돌리면서 거대한 경쟁 사회,

학벌 사회 체제로 밀어 넣고 있는 형국이다.

어른들이 사는 사회 모습도 마찬가지다. 경쟁에서 살아남은 사람들이 모든 부와 권력을 독식하는 사회에서 살다보니, 일찍부터 내 자식은 더 편하게 살기를 바라는 마음이 그릇된 교육 체제와 사회 정치 체제에서 왜곡되어 나타난 모습이다. 사회가 그러니 어쩔 수 없다고 말하며 지금 체제에 순응하고 아이들의 자유를 억압하고 아이들의 영혼을 죽여 가는 교육에 끌려가는 것은 아이들을 생각하면 더는 할 일이 아니다. 그런데도 사람들은 다른 선택지가 없다는 듯 그냥 살아가고 있다.

사실 이런 사회는 138억 년 우주 역사와 45억 년 지구 역사에서 찰나일 뿐인데 그 속에서 살아가는 우리는 오래전에도 그랬고 앞으로도 그럴 것이라는 잘못된 믿음을 갖기 있기도 하다. 생각을 하지 못하게 만드는 거대한 자본과 감시 체제에 아이들을 맡기고, 생존을 위해 돈을 버느라 온종일 일을 하며 생각할 시간을 조직하지 못하고 체제에 길들어 가는 게 어른들 아닌가.

반면 우리 대안학교 아이들은 일을 많이 한다. 중노

동을 한다거나 아동 착취가 아니라, 논밭에서 농사 짓고, 자기 앞가림을 위한 빨래, 설거지, 청소, 음식 만들기, 정리 같은 생활 교육, 함께 협력해서 필요한 것들을 만들어 가는 손끝 활동들이다. 이는 모든 교육 활동의 바탕이기에 학교에서 아주 정성을 들이고 있다. 우리는 일하기 교육의 목표와 방법, 원칙을 잘 지켜 가며 아이들 삶을 가꾸고 있다.

일만큼 좋은 교육은 없다

그런데 고민은, 역시 일에 대한 아이들의 생각 변화 지점이다. 일과 놀이가 하나인 삶을 그대로 보인 낮은 학년 아이들과 달리 높은 학년으로 갈수록 일을 하기 싫어하거나 재미없어하는 아이가 생긴다는 것이다. 물론 이것은 아이들의 발달 과정에서 지극히 자연스러운 것이다. 이때부터는 정말 보람 있는 일, 실제 문제해결을 할 수 있는 일을 하면서 성취감을 느끼도록 아이들의 자발성을 높여 줄 수 있는 일감과 과제를 찾는 노력이 선생들에게 아주 중요하다.

더 재미있는 게 널려 있으니 일이 가진 재미에서

생산하는 즐거움, 나누는 가치를 함께 생각하도록 도울 필요가 있다. 그래서 높은 학년은 일해서 목표 달성이 분명한 활동을 하게 한다. 일하는 목표를 뚜렷이 하고, 모두가 함께 과정을 즐기며, 온몸을 써서 일하고, 모두에게 일하는 대가가 돌아가는 일감이면 아이들은 일에 빠져들어 재미를 느낀다.

졸업 여행이나 성장 여행을 위한 비용 마련이라는 뚜렷한 목표가 있으면 일이 즐겁다. 아이들은 청국장이나 밀랍 초, 목걸이, 대나무 활, 레몬차, 콩나물, 곶감, 장신구, 군고구마, 장아찌, 고추장을 만들어 장터를 열고 돈을 벌어 여행을 간다. 그렇게 스스로 열심히 일해 백두산도 가고 제주도도 가고, 가고 싶은 곳으로 떠나 배우고 돌아온다.

정말 많은 것을 만드는 일을 하며 아이들은 일하기의 두 측면, 앎과 행함을 익혀 간다. 일하는 과정에서 얻는 땀과 정성, 협력, 고마움과 나눔의 가치들은 일하기 교육에서 아주 자연스러운 것일 뿐이다.

그러니 선생과 부모는 학교에서 배운 것을 집에서 그대로 아이들이 실천하고 살도록 도와야 한다. 학교에서 배운 설거지, 빨래, 청소, 음식 만들기를 집에서 하도록 해야 한다. 집안일에 참여하는 즐거움, 당연히 해야 할 몫, 온몸을 발달시키는 일, 자기 앞가림과 함께 살기가 자연스레 몸에 밸 것이다. 물론 아이들이 하는 힘과 수준에 따라 어른이 다시 해야 하는 번거로움이 따를 수도 있다. 그래도 아이들이 자기 앞가림은 스스로 할 수 있도록 부단히 수준을 높여 줘야 한다. 아이들은 어른들과 동등하기를 바란다. 어른들을 모방하고 싶어 하며 얼른 어른이 되고 싶어 한다. 이런 아이들의 마음이 건강하게 발현되도록 교육이 이끌어야 한다. 가정과 학교에서, 사회에서 말이다.

그런데 지금 우리 사회는 아이들을 자꾸 일과 분리해 가고 있다. 몸을 써서 일하는 것이 얼마나 가치 있고 세상을 존재하게 하는 힘이란 것을 겪어 보며 삶의 지식을 배우게 하기보다 책상에 앉아 문제집을 풀게 하고 시험에 대비하는 공부만이 다인 것처럼 아이들의 머리와 가슴, 손발의 조화로운 발달을 막고 있다. 그러므로 전자 기기와 대중 매체에 포위되어 소비 문화 속에서 살아가는 아이들에게 일하기만 한 좋은 교육은 없다. 일은 땀을 수반한다. 가치를 수반한다. 생산자의 삶을 일찍부터 가르쳐야 한다. 아이들이 안 쓰럽다고 아이들의 타고난 본성을 막아서는 안 된다. 이것은 고대의 위대한 교육 사상가들이 강조한 교육 방식이었다. 확신을 가질 필요가 있다.

철마다 때마다 익히자

선생들의 고민은 일하기와 여러 교과를 연결해 배움을 확대하고 깊게 하는 것에 있다. 그래서 이런 고민에 답을 주는 배움과 예를 찾을 필요가 있다. 비노바 바베^{Vinoba N. Bhave}가 쓴 《삶으로 배우고 사랑으로 가르치라》는 일하기 교육을 절절하게 강조하고 있다. 풀무농업고등기술학교와 변산공동체학교가 으뜸으로 삼은 일하기 교육도 같다고 생각한다. 작업장학교처럼 일하고 공부하는 것이다.

음식을 만들며 화학을 배우고, 텃밭에서 생물과 과학을 끌어내며, 자연 속 여행에서 사회와 역사를 끌어낸다. 물리학이나 기하학 모두 삶에서 모두 끌어내야 한다는 것이다. 아이들의 흥미와 관심을 바탕으로 일을 하고, 일을 통해 배움을 확장해 가는 것, 사회 구조를 들여다보게 하는 것은 많은 대안학교에서 운영하는 주제 학습과 프로젝트 학습의 형태이다.

우리 아이들은 날마다 일놀이와 교과통합 수업을 벌여 간다. 선생들의 준비 역량에 따라 다르기도 하겠지만 전체로는 교과통합에 대한 활동을 끊임없이 조직하고 실천하고 있다. 봄에 호박씨로 모종을 만들어 텃밭에 심고, 가을에 거둔 호박을 갈라 호박씨를 세며 수학을 하고, 호박죽을 쒀 모두 새참으로 나눠 먹는 아이들이 있는 것이다. 날마다 텃밭에 가서 식물을 살피고 거둬 글을 쓰고 그림을 그리는 아이들이다. 우유갑을 모아 재생종이를 만들고, 놀이에 필요한 그네와 축구 골대, 나무 위의 집을 만들어 낸다. 공간과 구조를 만들며 역사와 과학, 수학을 함께 배우고 이야기와 추억을 만들어 간다. 대나무로 팬플루트를 만들고, 나무막대기로 놀이를 만들어 낸다.

언젠가 곶감을 만들 때였다. 낮은 학년 아이들을 여러 모둠으로 나눠 곶감을 깎는 일을 했다. 물론 목표는 곶감을 만들어 높은 학년 여행비에 보태고 우리가 먹을 곶감을 직접 만드는 것이었다. 먼저 네 모둠에 감을 33개씩 나눠 준 뒤 숫자를 세고 양감 익히기와 셈 놀이를 한참 했다. 감으로 더하기와 빼기, 곱하기,

나누기 사칙 연산을 하며 노는 것이다. 그리고 분류하는 법을 보고 싶어, 모둠마다 33개의 감을 누구나 보기 쉽게 배열하라고 했다. 어떤 모둠은 10을 기준으로 묶고, 또 어떤 모둠은 5를 기준으로, 2를 기준으로 묶으며 여러 가지 방식으로 33개를 알려 주는 분류를 잘해 냈다. 그런데 3학년 한 모둠은 감으로 아예 33이란 숫자를 만들었다. 감을 배열해 33을 만들어 낸 것이다. 교사가 말한 뜻과는 다르지만 얼마나 기발한가. 대단하다며 얼마나 칭찬했는지 모른다. 정말 상상력이 좋지 않은가? 평범함에서 비범함이 나온다고 믿는다. 아주 장난꾸러기지만 흥미 있는 놀이와 공부에는 충분한 시간이 있으면 대단한 집중력을 보여 주기 때문이다. 우리 아이들은 이렇게 잘 자라고 있다.

논농사도 벌써 11년째 짓고 있다. 우리는 교육의 일관성과 깊이를 크게 생각한다. 교육은 일관될 때 꾸준히 전개될 때 울림이 있는 경우가 많다는 것을 아이들과 살아가며 느끼고 있다. 그때그때 흥미에 따라 이것 찔끔 저것 찔끔 해서는 수박 겉핥기에 그치는 경우가 더 많다. 보통 많은 데서 하는 체험 교육이 아이들에게 내 삶과는 관련 없는 특별한 경험으로 그치게 해서 교육을 망치는 것을 많이 봐 왔다. 아이들에게 일은 집중력 있게 빠져들 시간과 기회가 충분해야 한다. 그것을 반복해 삶에서 실제 써먹을 수 있는 익힘의 시간이 반드시 필요하다. 그래서 배움을 깊이 있게 가져가려면 잠깐 하거나 한 해 반짝 하는 일은 되도록 피하고 꾸준히 하도록 도울 필요가 있다.

물론 다양한 일거리, 아이마다 뿜어내는 흥미와 결에 따라 선택할 수 있는 다양한 일거리가 보장되어야 한다. 문제는 선택과 결정을 오롯이 스스로 한다는 자율성을 북돋우는 데 있지, 스치듯 한번 해 보고 그치게 해서는 안 된다는 것이다. 그동안 일과 놀이 교육으로 철마다 때마다 펼친 활동은 여전히 교육과정 완성을 위한 진행형이다. 지금까지 해 온 일과 놀이 교육 활동은 부록에 실었다. 우리는 교육과정을 꾸준히 채워 가고 있다.

선생이 더 알아야 할 것들

사람이 살아가는 데 필요한 의식주와 주인으로 함께 살기는 일하기 교육의 정신이자 갈래이다. 그래서 선생들이 일하는 과정을 잘 알 수 있는 배움이 많아야 한다. 일머리를 기르려고 애를 써야 한다. 텃밭 농사도 그렇고, 아이들이 선생을 보고 배우기에 그렇다. 목공, 음식, 농사, 많은 손끝 활동을 배우고 나누는 데 정성을 들여 할 까닭이 여기에 있다. 그러니 손끝 활동을 교사 연수의 핵심으로 잡아야 하고 거기에 필요한 재정을 마련해야 한다.

사람은 누구나 일을 한다. 일을 하지 않으면 살아갈 수 없다. 또한 지금 일과 놀이, 학습이 나뉘어 있는 게 큰 문제다. 동양이든 서양이든 일하기 교육에 대한 중요성을 강조한 교육학자, 철학자가 많다. 머리와 가슴과 손의 조화로운 발달을 말한 페스탈로치Johann H. Pestalozzi가 있고, 노작, 일, 노동, 아르바이트 개념을 제시하며 손으로 하는 일이 인간 형성과 교육 전반에 바탕이 되어야 함을 말한 케르쉔슈타이너Georg M. Kerschensteiner도 있다. 일하는 학교를 말하며 아이들에게서 놀이 욕구보다 작업 욕구가 더 크다고 본 20세기 초 프랑스의 개혁 교육자 프레네Célestin Freinet도 있다. 또한 노작 교육의 개념을 종교와 결합한 뢰슬러Otto E. Rössler와 헤겔Georg W. F. Hegel의 '노동이 자유롭게 한다'는 생각에 주목하면서도 다른 한편 이것을 노동에 대한 마르크스[Karl H. Marx] 생각과 대비시키며 근대 산업 노동에서 자본주의적 강요로 인해 발생하는 인간 소외 문제를 지적한 슈프랑어[Eduard Spranger]도 있다. 그리고 노동과 지식을 구별하어 지식 교육에 치중하는 현대 교육을 비판하며 '일하면서 하는 공부의 원리'로 노작 교육론을 강조한 바베[Vinoba N. Bhave]도 있다. (고병헌 외, 《교사, 대안의 길을 묻다》)

일하기를 가르치는 것보다 소중한 인간 교육은 없다고 말한 이오덕 선생은 일하기 교육의 원칙으로 다섯 가지를 들었다.

첫째, 모든 사람이 다 해야 한다. 한 사람도 빠지는 일이 있어서는 안 된다. 한 학급을 단위로 하는 교육이라면 그 학급 어린이 모두가 참여해야 한다.

둘째, 학습하는 사람의 힘에 맞게 해야 한다. 나이 (학년)에 따라, 때로는 남녀와 개인별 신체 조건까지도 생각해서 일의 양이나 내용이나 정도를 달리 할 수 있어야 한다. 결코 힘에 넘치는 일을 하도록 할 것이 아니다.

셋째, 앞에서도 말한 바이지만, 결과보다 과정을 무겁게 여겨야 한다. 결코 어떤 결과를 얻기에 바빠서는 안 된다.

넷째, 일하는 시간이 너무 길어서는 안 된다. 예상한 결과를 얻지 못하더라도 아이들이 일에 지쳐 있거나 일하기가 지겨운 상태에 되었으면 곧 그만두는 것이 좋다.

다섯째, 보람을 느끼도록 해야 한다.

그렇게 하자면 학습자 스스로 목표를 세우고, 계획을 짜고, 일을 한 다음에는 그 과정과 결과를 살펴서 서로 의논하고 반성하고 평가하도록 해야 할 것이다.
(이오덕,《민주 교육으로 가는 길》)

선생은 어린이들과 일할 때는 일하기 원칙을 잘 지켜야 한다. 조금 하고 쉬고 다시 조금씩 하고 적당한 시간에 모두 일을 마쳤지만, 스스로 더 일하겠다는 마음을 낸 어린이들과 선생들이 일을 더 해서 1,000평 넘는 밭이랑에 비닐을 씌우고 보람을 느낀 적이 있다. 이오덕 선생이 말한 일하기 원칙 다섯 가지가 제대로 구현된 날인데, 내 생각에 일놀이 원칙에 더할 두 가지 원칙을 꼽아 봤다.

여섯째, 일이 즐거운 놀이가 되도록 끊임없이 잘한다 잘한다 칭찬과 격려를 하고, 노래를 부르며 일할 맛이 나도록 애써야 하며, 다 함께 힘을 합쳐 일하도록 하되 일하는 기운을 보장해야 한다.

일곱째, 새참은 넉넉하게 챙기고, 계절마다 일하는 날에 맞게 입이 즐겁고 일할 맛이 나는 새참을 먹도록 해야 한다.

3장

아이들이 쓴 시 맛보기

온몸으로 쓴
시는
얼마나 귀한가

시

시는 짧지만
그 짧은 글에
아주 큰 뜻을 갖고 있다.
아주 큰 우주에
지금도 커지고 있는 우주에
수많은 생명이 살고 있는
우주에 비하면
작은 지구처럼 말이다.

박성준 6학년

이오덕 선생은 어린이들은 모두 시인이라고 말씀하셨다. 시는 자신이 보고 듣고 느끼고 생각한 것들 가운데 나올 수 있기에 '시'를 쓴다는 건 '삶'을 쓰는 것이다. 거짓으로 꾸미지 않고 있는 그대로 자신의 살아 있는 입말로 삶을 쓰면 어린이는 저절로 시인이 된다. 이오덕 선생 말씀처럼 시를 쓰는 것은 사람이 사람답게 되는 가장 확실한 길이기에, 삶을 가꾸는 시 쓰기는 아주 중요한 교육 활동이자 어린이 삶을 가꾸는 글쓰기 교육이다. 아이들의 시를 읽어 보며 어린이 마음속으로 들어가 보자.

파도

파도가 나에게 온다.
같이 오지 않고 하나하나 온다.
왠지 지금 6학년의 모습 같다.
먼저 달려오는 파도는
나를 닮았다.

전우진 6학년

바닷가에서 파도를 바라보며 쓴 시다. 같이 오지 않
고 하나하나 온다는 것부터 자신과 동무들을 연결하
는 것까지, 자연이 주는 감성과 깨달음으로 훌쩍 자라
는 아이를 볼 수 있어 좋다.

벼

벼는 길쭉하고 쌀알이 많이 붙어 있다.
벼가 노랗고 고개를 숙이고 있다.
나는 기분이 안 좋을 때
고개를 숙이는데……

정지은 2학년

벼가 고개를 숙이는 것과 자신이 기분 안 좋을 때 고개를 숙이는 까닭과 뜻은 다를 것이다. 그러나 벼와 내가 고개를 숙이는 행동은 같다는 걸 가르쳐 준다. 그래서 다시 생각해 본다. 우리는 언제 고개를 숙이는 지 말이다.

풀 매기

호미를
옆으로 눕혀
도록도록 긁으면
풀이
그 가느다란 뿌리 한 가닥으로 버틴다.

김진서 3학년

윗글을 처음 읽은 순간 어떤 느낌이 드는가? 흙에 붙어 가느다란 뿌리 한 가닥으로 버티는 풀과, 호미를 잡고 풀을 매는 어린이가 보이는 것 같지 않은가? 풀을 매 본 어린이만이 쓸 수 있는 글이요 시라서 참 좋다. 시란 깨달음, 발견, 감동, 어떤 순간이다. 그래서 다시 읽어 보고 싶게 하는 힘이 있다. 읽는 사람 처지에서 쓴 사람이 주는 기운과 감동을 다시 느끼고 싶거나, 그대로 혼자서 뜻을 불어넣기도 하고, 내 처지에서 새롭게 바라볼 수 있어 좋다.

송진

제 손에 송진 묻었어요.
소나무가 아픈가 봐요.
보세요.
이렇게 송진 흘리면서 울어요.
저 나무는 아무렇지도 않은데
이 녀석만 울어요.
내가 어제 발로 차고
막 괴롭혔더니 그런가 봐요.

주호연 1학년

송진을 소나무 눈물로 보고 자신이 한 행동에 대해 되돌아보는 어린이 마음이 참 고맙다. 그냥 말하듯이 그대로 쓴 것, 그래서 시를 쓰는 것은 삶을 쓰는 것임을 깨닫게 한다.

먹기 싫은 것

먹기 싫은데 꼭 먹으라니
보기도 싫은 걸 꼭 먹으라니
억지로 먹게 해서 고문 같다.
어쩔 수 없이 꼭꼭 씹는데
토하고 싶은 내 마음
꼭 먹어야 하는 것도 아닌데
안 먹으면 죽는 것도 아닌데
일부러 먹이니 울고 싶다.
먹기 싫은데.

박영진 6학년

골고루 반찬을 먹어야 하는 규칙이 있고 몸에 좋은 줄도 알지만 얼마나 먹기 싫었으면 시로 썼을까 공감이 가는 글이다. 어떤 것이든 하고 싶은 말, 가슴에 품은 말을 토하듯이 꺼내면 시가 된다.

산

산은
처음에는 가기 싫은데
올라가다 보면 괜찮고
꼭대기에서는 기분이 좋아요.

나선율 ^{2학년}

산 오르기는 아이들에게 늘 새로운 도전이다. 그런데 처음에는 힘들고 가기 싫은 마음이지만 동무들과 수다를 떨며 올라가서 새참을 먹고, 산꼭대기에 올라 뿌듯함을 느끼는 어린이 마음이 그대로 들어 있는 한 문장이다.

오늘 벼 타작을 했어요

손으로 뜯었어요.
홀태로도 했어요.
탈곡기로도 했어요.
탈곡기를 발로 밟으니까
통이 뱅글뱅글 돌았어요.
발로 밟을 때 제일 재밌어요.

김연재 3학년

나락을 손으로 뜯고 홀태로 타작하는 아이, 탈곡기를 써서 벼 타작을 할 때 윙윙거리는 소리가 들리고 보인다. 발로 밟아 탈곡기 통이 돌아갈 때가 정말 재미있는 줄 아는 시다.

불깡통

깡통을 구해서 팔 자로 돌리면 날개
구멍을 뚫고 원으로 돌리면 방패
철사를 단 다음에 위로 돌리면 나는 천사
숯을 넣고 빙빙 돌린다.
너무너무 재미있는 불깡통 놀이 또 하고 싶다.
바람이 불어 불어나면
돌아가는 깡통이 도깨비불 같다.
도깨비불이 춤을 추며
내 주위를 돈다.
깡통을 놓치면 어쩔까?
불이 나지는 않을까?
땅에 엎어지면 어쩔까?
이런저런 걱정이
깡통과 함께 내 주위를 돈다.

손금서 5학년

깡통을 놓쳐 불이 날까, 깡통이 땅에 엎어질까 걱정
하는 마음이 함께 들지만, 또 하고 싶은 쥐불놀이다.

도롱뇽

도롱뇽을 잡은 정수 형, 준영이가
내 도롱뇽 내 도롱뇽 한다.
우리가 그럴 자격이 있는 것일까?
생명을 내 것이라 할 권리가 있는 것일까?

심준범 4학년

골짜기에 사는 도롱뇽, 자연의 생명은 모두 아이들에게는 귀한 생명이며 사람과 함께 살아가는 지구이며 자연이다. 인류 생존을 걱정하는 시대에 도롱뇽한테 마음을 전하고 싶은 어린이 마음을 믿어 주고 오롯이 지켜 주고 싶다. 이처럼 어린이들이 쓴 시는 오염된 우리 마음을 맑게 해 주는 힘이 있으니, 참다운 인간으로 키워 가는 시 쓰기 교육은 꼭 필요하다. 물정 모르는 어린이 수준에서 하는 말이 아니라, 세상에서 가장 중요한 자연과 함께 살아가는 마음과 자세를 말하는 것이다. 따라서 아이들의 시는 우리네 삶의 방식에 대해 진지하게 물어보는 기회로 받아들여야 한다. 지혜란 작은 것에서 전체를 끌어내는 감수성이다.

시누대

시누대 가는 줄기
축 늘어졌다.
다른 대나무들은 꼿꼿이 서 있는데
시누대 혼자 축 늘어졌다.
자기가 왕따당한 것처럼.
내가 일으켜 주고 싶다.

전호진 4학년

바느질

바느질을 하자.

한 땀 한 땀 열심히

선생님보다 빠르게

아이들보다 예쁘게

누구보다 집중해서 열심히 뜨자.

조용히 하기보다는

시끄럽게 해도 아무렇지 않아.

신경 쓰지 않고 열심히

내 머릿속에는 바느질 생각뿐.

갑자기 바늘에 찔리면

내 집중이 다 날아가.

아파서 손가락을 잡고 후후 불어 봐.

순간 따끔하고 아프지.

뭔가 이상한 느낌이야.

다시 집중해서 바느질하면

귀여운 다람쥐가 완성되는 거야.

왕인지 3학년

〈시누대〉, 〈바느질〉, 모두 글월과 책으로 익혀서는 나올 수 없는 시들이다. 어린이들은 머리로 관념으로 글을 쓰는 것이 아니라 온몸으로 쓰기 때문이다. 어린이들이 하는 말을 귀 기울여 듣고, 어린이 삶을 북돋고 소중한 어린이 마음을 키워 가도록 선생들과 어른들이 무엇을 해야 할지 자꾸 생각해야겠다. 가까운 산과 강, 자연에서 많이 놀고, 날마다 재미있는 일이 쏟아지고 모험과 즐거운 놀이가 가득한 하루가 된다면 어린이는 모두 시인이 될 수 있다. 놀기 위해 이 세상에 온 아이들에게 충분히 놀 수 있는 시간이야말로 시를 쓰고 싶은 마음을 불러일으킬 것이다. 관찰을 잘해서 시를 쓰라고 가르치는 것보다, 놀이와 대상이 좋아서 저절로 관심과 애정을 쏟아 관찰하고 글로 시로 표현하도록 돕는 것이 시 쓰기 교육의 바탕이다. 겪은 일, 들은 일, 생각한 일로 나누어 모두 여러 갈래 시로도 쓸 수 있다는 것을 보여 주기도 하지만, 무엇보다 중요한 것은 자신의 삶을 소중하게 여기고 사랑하는 마음으로 삶을 쓰게 하는 것이다.

돌

돌이
추울 것 같다.
내가 추운데
돌은
얼마나 추울까?

김결 ^{2학년}

아이들은 돌, 나무, 풀, 꽃, 흙과 같은 자연이나 사물을 사람의 감정을 지닌 듯 의인화한다. 자연을 소중한 생명으로 여기는 어린이 마음을 귀하게 가꿔야 한다. 내가 추운데 돌은 얼마나 추울까, 내가 더운데 돌은 얼마나 더울까 생각하는 어린이 마음에서 우리는 무엇을 배울까. 이 시는 2020년 초등학교 2학년 국어교과서(미래앤출판사)에 실렸다.

달팽이는 빠르다

줄곧 보고 있으면 느리지만

봤다 안 봤다 하면

여기에서 저 끝에 가 있다.

강유하 4학년

이 시를 아이들과 읽은 후, 혼자서 자꾸 되뇌었다. 읽을수록 참 좋다. 세상 이치가 이런 게 아닌가? 느림과 빠름, 속도와 관점, 생각의 차이, 본질과 현상, 시간과 공간, 사랑. 여러 처지와 눈길로 생각을 잡아 볼 수 있는 시다. 노래로 만들어 함께 부르다 보니 어느새 느린 달팽이가 빠를 수 있다는 게 자연스럽게 다가온다.

달팽이는 빠르다

작자: 강유하
작곡: 전정일
맑은샘 어린이들

달 팽 이 는 빠르 다 달 팽 이 는 빠르 다

줄 곧 보 고 있 으 면 느 리 지 만

봤 다 안 봤 다 하 - 면 여 기 에 서

저 끝 에 가 있 다. 저 끝 에 가 있 다

진달래

진달래 핀 걸 봤다.

예뻤다.

따고 싶었지만 안 땄다.

꽃이 아플까 봐

안 땄다.

이서연 1학년

얼마나 귀한 마음인가. 따고 싶은데 꽃이 아플까 봐 따지 않은 어린이 마음을 크게 칭찬하고 함께 이야기 하는 것이 삶을 가꾸는 교육이다. 1학년 아이가 청계 산에서 쓴 시를 내려오면서 줄곧 불러보며 노래를 만 들었다. 스스로 쓴 시를 노래로 부르는 아이의 환한 웃음과 뿌듯한 얼굴이 지금도 떠오른다. 그런데 장난 꾸러기 아이들은 '안 땄다'를 '다 땄다'로 부르곤 했 다. 그래서 시를 쓴 아이가 처음에는 슬퍼했지만, '안 땄다'를 더 크게 부르는 아이들이 있어 좋아했다. '안 땄다'와 '다 땄다'가 함께 들리는 노래가 궁금하지 않 은가.

쑥덕쑥덕

쑥 뜯으러 간다.
사람들은 쑥덕쑥덕 말하며 간다.
쑥 뜯을 때
쑥 뜯다 말고
또 쑥덕쑥덕
말하면서 뜯는다.

손정원 2학년

쑥 뜯고 난 뒤에 쓴 시인데. 의성어와 의태어가 같이 연상되는 재미난 시다. 소리와 모양이 함께 들어온다. 철마다 제철음식을 만들어 먹는 맛있는 학교에서는 진달래가 피고 쑥이 올라올 때쯤 꽃지짐, 쑥튀김을 해 먹는다. 해마다 아이들은 쑥을 뜯으며 '쑥덕쑥덕' 노래를 부른다. '쑥덕쑥덕' 노래를 부르다 보면 아이들이 도란도란 말하는 풍경과 쑥을 뜯는 장면이 함께 떠오른다. 살아 있는 시는 그대로 그림이 된다.

쑥덕 쑥덕

작사: 손 정호
작곡: 전 정임
맘땅 어린이 ♪

쑥 뜯으러 간다 쑥 뜯으러 간다 사람들은 쑥덕 쑥덕
말하며 간다 쑥 뜯을 때 쑥 뜯을 때 쑥 뜯다 말고
쑥 뜯다 말고 또 쑥덕쑥덕 또 쑥덕쑥덕 말하면서 뜯는다
(말하면서 뜯는다) (말하면서 뜯는다) (말하면서 뜯는다) (말하면서 뜯는다.)

바람

누워 있는데
바람이 머리 위를 휙 지나가고
누워 있는데
바람이 풀을 기울였다 다시 쭉 펴고
누워 있는데
바람이 나무에 있던 나뭇잎을
하나 떨어뜨렸다.

김지안 1학년

바위에 누워 떨어지는 가랑잎을 보고 그대로 쓴 시다. 누워 있는데 휙 지나가고, 누워 있는데 풀을 쭉 펴고, 누워 있는데 나뭇잎을 떨어뜨리는 바람이 느껴지는가? 의도하지 않았는데도 운율이 살아 있는 시가 나오는 걸 보면, 시는 사실을 생생하게 잡아내어 그대로 쓰면 된다는 걸 보여 준다.

바람

작사 : 김지안
작곡 : 전정일
맑은샘어린이들

누워 있는데 누워 있는데 바람이 머리를
휙 지나가고 누워 있는데 누워 있는데
바람이 풀 들을 다시 쓱 쓰고
누워 있는데 누워 있는데 바람이 나뭇잎을
하나 떨어뜨렸다 하나 떨어뜨렸다

하늘 기운

하늘이 참 맑고 파랗다.
또 한쪽 하늘은 흐리다.
파란 하늘은 맑은 기운을 주고,
검은 하늘은 흐린 기운을 준다.
하늘 덕분에
내 기운들이
죽었다 살아난다.
고맙다 따스한 마음을 지닌 하늘아.

전호진 6학년

화나고 짜증나는 마음이 하늘 덕분에 맑은 기운으로 바뀌었다. 살면서 하늘과 땅, 공기와 바람에 고마워할 때가 얼마나 있을까? 사실 날씨에 따라 기분은 다르다. 자연의 거대한 힘에 맞춰 사는 게 우리 일생이고 보면 자연을 개척한다는 생각은 인간의 교만함이 낳은 비극일지도 모른다. 미세먼지 없는 파란 하늘이 더없이 소중한 때, 하늘을 따스한 마음을 지닌 존재로 받아들이는 마음을 노래로 불러 보면 어떨까.

하늘 기운

작사 : 전호진
작곡 : 전경원, 말는생 서민이든

하늘이 참맑고 파랗다 또 한쪽 하늘은 흐리다

파란 하늘은 맑은 기운을 주고 검은 하늘은

흐린 기운을 준 다 하늘 덕 분에 내기운 들이

쑥쑥 살아 난 다 고맙다 따뜻한 마음을 지닌

하 늘 아 (하 늘 아)

4장

잘 노는 아이는
쓸 시가
가득하다

딱지 따먹기

딱지를 딸 때면
가슴이 쿵덕쿵덕
"땄다!"
준영이랑 덥석 껴안는다.
딱지를 따먹힐 때면
"안 돼!"
준영이랑 딱지를 저주를 건다.
털썩!
따먹혔다.
"다시 한 번 하자!"
누가 따먹힐 줄 모르는 한판 승부.
숨이 막힌다.

천명수 4학년

내가 쓴 시는 소중하다

시 쓰기는 마음을 여는 것이고, 쓰고 싶은 마음이 절로 나와야 하는 것이다. 뒷산 가서 나무집을 만들고, 철마다 꽃을 따고 잎을 찾아 음식을 하고 놀이를 하는 아이들, 굴러다니는 돌 하나 나뭇가지 하나도 소중한 비석치기와 자치기 놀잇감인 아이들, 도시에 살지만 텃밭 농사를 짓고 논을 빌려 논농사를 지으며 일을 하는 아이들, 제철 음식을 먹고 철마다 나라 곳곳에 있는 산과 강, 바다에서 감성을 기르고 자연에게서 생명과 조화를 배우는 아이들에게는 쓰고 그릴 것이

가득하다. 우리 아이들이 이러한 삶을 살고 있는가?

그런 행복한 삶을 살고 있는 아이들도 있다. 단 한 번밖에 살 수 없는 아름답고 눈부신 어린 시절과 청소년기를 국·영·수가 아닌 아름다운 추억과 감성으로 채우며 살아가고 있다. 실컷 놀고 마음껏 놀고 함께 논다. 시험과 성적, 폭력과 따돌림은 딴 세상 이야기다. 물론 동무들과 놀고 일하면서 말싸움도 몸싸움도 할 때도 있고 속상할 때도 있다. 고민과 불안도 있다. 그것이 사람 사는 세상이고 아이들 삶이다. 그럴 때도 모두 모여 이야기하고 함께 규칙을 만들고 서로를 이해하며 함께 살아가는 법을 배운다. 그래서 행복한 아이들과 사는 선생들도 참 행복하다. 이 나라 모든 아이가 학교에서 그렇게 살아가면 참 좋겠다. 놀고 일하고 배우는 것이 하나인 삶을 살고 행복하기를 대안교육 작은 학교 사람들은 정말 바라고 바란다.

아이들이 쓰는 시 속에서 어른들이 지켜야 할 어린이 마음은 정직함, 동정심, 사심 없는 마음이다. 어린이 마음을 가꾸는 시 쓰기는 삶을 가꿀 때 저절로 된다. 내가 쓴 글이, 내가 쓴 시가 얼마나 소중하고 자랑스러운지 아는 것이 시작이다. 그러려면 자신의 삶을 긍정하고 사랑하는 마음으로 대상을 바라보고 오늘을 즐길 때 좋은 시가 나오고 행복한 삶을 가꿀 수 있다.

아이들과 살아가는 선생에게는 날마다 배움이 가득하다. 모두 미안하고 고마운 일투성이이기에 반성하고 성찰해도 죄스러움은 어쩔 수 없다. 그것이 선생이 살아야 할 삶이자 아이들을 만나는 자세와 태도이기에 그렇다. 아이들이 스승이요, 삶이 교육이다.

노래가 된 시

아이들이 지은 시가 노래가 되기도 한다. 앞에서 '노래가 된 시' 6편을 실었다. 아이들이 쓴 시를 노래로 만든 까닭은 귀한 어린이 마음을 함께 배우기 위해서다. 자신의 시가 노래가 되는 경험은 흔한 일이 아니다. 내가 쓴 시가 노래가 되다니, 뿌듯해하는 아이 얼굴에 시 쓰기 교육의 전부가 들어 있다. 자연 속에서 일과 놀이로 배우며 자라는 어린이 삶을 담은 시를 함께 노래로 만드는 과정, 함께 노래를 부르는 기쁨은 놀라운 창작 본능을 일깨운다. 맑은샘학교 아이들은 틈날 때마다 시를 쓴다. 산에 오를 때, 텃밭 일을 할 때, 몸놀이를 할 때에도 글을 쓰는데, 짧은 글은 그 대로 시가 된다.

아름다운 어린이시를 노래로 만드는 과정은 간단 하다. 아이들과 산에 오를 때나 틈날 때마다 시를 자 꾸 노래로 불러본다. 그 과정에서 마음에 드는 음을 찾아 불러보고 그걸 녹음한다. 그리고 다시 교실에서 아이들과 피리를 불며 음을 확인하고 불러보는 과정 을 반복하다 보면 자연스럽게 노래는 완성된다. 작곡 은 누구나 할 수 있다는 자신감을 줄 수 있고, 내 시를 노래로 만드는 즐거움을 아이들에게 선물한다. 아이 들이 쓴 시를 모두 노래로 만들고 싶지만 제법 시간 과 정성이 들어가는 공부라 되도록 쉽게 노래로 만들 수 있는 시를 고르는 편이다.

감동을 자기 말로 짧게 토하듯

시 교육의 목표는 참다운 인간을 키워 가는 것이다. 이오덕 선생 말씀처럼 시는 일상의 삶에서 비뚤어지 고 오염된 마음을 순화하고, 사람의 정신을 더 높은 경지로 고양시키고, 시적인 직감을 통해 사물의 본질을 붙잡는다. 또한 참된 삶을 인식하고, 인간스러운 삶의 태도를 갖게 하고, 진정성이 들어 있는 말, 진실이 꽉 찬 말, 정직한 말의 아름다움을 깨닫고 그런 말을 쓰게 한다. 또한 자기 느낌과 생각을 표현하고 싶은 욕구를 갖도록 한다. (이오덕, 《삶을 가꾸는 글쓰기 교육》, 76쪽)

참된 시는 삶에서 그때그때 부딪히는 온갖 일들에 대해서 느끼고 생각한 것(감동)을 될 수 있는 대로 짧게 꼭 써야 할 자기 말로 토해 내듯이 쓴 것이다. 가짜 시는 어디선가 많이 본 것 같은 시, 교과서에 나온 동시 형식을 닮은 것, 너무 매끈한 시, 어른스럽거나 어려운 시, 읽어 봐도 별 맛이 없는 시, 아기 같은 소리를 쓴 시, 너무 아름다운 시, 줄글을 시처럼 끊어 놓은 것 같은 시다. 진짜 시는 무엇보다 감동을 주는 시, 쉽게 읽히고 자연스럽게 느껴지는 시, 자기만의 느낌이 나타난 시, 자기의 말로 쓴 시, 형식에 얽매이지 않고 자유롭게 쓴 시이다. (이호철, 《이호철의 갈래별 글쓰기 교육》, 32쪽, 39쪽)

시 쓰기 지도 첫째는 '글감 고르기'이다. 무엇을 쓰게 할 것인지를 알게 하는 것이야말로 시작이다. 되도록 어린이들이 자연 속에서 놀고 일하는 가운데 보고, 듣고, 하고, 느낀 것, 늘 생각한 것들을 쓰도록 해야 한다. 대안학교 아이들은 자연 속에서 일하고 노는 일이 많으니 자연과 놀이를 담은 시가 아주 자연스러울 것이고, 아이들이 늘 살아가며 겪는 일 모두가 글감이 되도록 해야 한다. 글감을 잘 못 찾는 어린이가 있을 때는 선생이 아주 구체로 글감을 잡아 줘야 한다. 막연하게 가을, 봄, 자연과 같은 글감 말고 아이들이 날마다 겪은 일 가운데 되도록 아이들이 토해 내듯이 쓰고 싶은 것을 마음껏 쓰게 해야 한다.

　둘째는 '본보기 시를 많이 들려주고 맛보게' 하는 것이다. 시와 가까워지는 활동으로 좋은 시를 많이 들려주고 자주 암송하는 것은 아주 중요하다. 좋은 동시도 있지만 되도록 또래 아이들이 쓴 쉬우면서도 진실한 삶과 마음이 담긴 어린이 시를 골라야 한다. 이오덕 선생과 한국글쓰기교육연구회 선생님들이 엮은 어린이 시집들을 늘 곁에 두고 많이 들려주어 어린이들이 자주 좋은 시를 만나도록 하면 좋겠다.

셋째, '온몸과 마음으로 다시 살려 보고 겪어 보기'를 하는 것이다. 바로 겪은 일을 바로 그 자리에서 쓰는 것이 좋을 때가 많지만, 조금이나 한참 지난 뒤에 써야 한다면 꼭 온몸으로 그때 했던 놀이나 일, 상황을 하나하나 떠올려 몸짓과 마음으로 다시 겪어 보는 것이 좋다.

넷째, '한 번에 토하듯이 쓰는 것'이다. 그때 감동을 되살려 뭐든지 다 털어놓는 마음으로 아주 집중해서 쓰는 것이 좋다.

마지막으로 '고치고 다듬어 마무리하고 쓴 시를 함께 나누는 것'이다. 다듬고 고칠 때는 꼭 아이들이 스스로 하도록 해야지, 선생이 마음대로 고쳐서는 안 된다. 글 고치는 기준은 내용과 형식 모두를 봐야겠지만 되도록 내용이 다치지 않도록 하면 좋겠다. 자기 말로 썼는지, 살아 있는 입말로 썼는지, 틀린 글자는 없는지, 솔직하고 꾸밈없는지, 더 넣거나 뺄 말은 없는지 따위를 살펴야 한다. 그리고 함께 시를 감상하는 시간을 정해 발표하고 서로 도움말을 주고 칭찬한다면 시를 쓰고 싶은 마음, 뿌듯함으로 삶을 살찌울 수 있다.

5장

아이들이 쓴 줄글 맛보기

잘 노는 아이들의
여섯 가지
글쓰기

정직한 글쓰기
본 대로, 들은 대로, 한 대로, 느낀 대로 정직하게 쓰는 글은 스스로를 되돌아보게 하고 자신을 자라게 한다.

자유로운 글쓰기
무엇이든지 쓰고 싶은 것을 자유롭게 써야 참된 글이 나온다.

관찰하는 글쓰기
스스로 겪어 보고 하나하나 기록해 자신만의 잣대로 사물을 관찰하는 힘을 기른다.

치유의 글쓰기
꼭 하고 싶은 이야기를 마음껏 하고 맺힌 마음을 풀 수 있다.

믿음의 글쓰기
부모와 선생이 굳건한 믿음을 줄 때 솔직하게 글을 쓸 수 있다 .

가치 있는 글쓰기
더불어 살며 생명을 귀하게 여기고 땀 흘려 일하는 삶을 소중하게 생각할 때, 글은 가치가 있다.

글을 여러 갈래로 분류하는 방법은 많다. 그 중 주로 많이 쓰는 브룩스와 워런 Arthur C. Brooks&Robert P. Warren의 분류법(서사문, 감상문, 설명문, 논설문)과 이오덕 선생의 분류를 참조하면 좋다. 이오덕 선생은 《삶을 가꾸는 글쓰기 교육》에서 서사문, 감상문, 설명문, 주장하는 글, 일기, 편지, 시, 《우리 문장 쓰기》에서는 조금 더 넓혀서 서사문, 감상문, 설명문, 논설문, 관찰 기록문, 조사 보고문, 편지글, 일기 글, 극본, 시로 여러 갈래 글을 나누었다. 서사문은 사생문과 기사문이 있고, 감상문은 생활 감상문, 독서 감상문, 학습(연구) 감상문, 직업(생활) 감상문, 방송·신문·만화·영화·연극·미술·음악·체육 감상문, 시사 비평, 수필·수상이 있다. 설명문은 물건을 소개하는 글, 그림·사진·공작품 들을 설명하는 글, 책의 내용을 알리는 글, 사전의 말 풀이, 지리와 역사를 설명하는 글, 일반 시설 이용 알림 글과 고적 알림판의 글, 자기를 알리는 글이 있고, 논설문은 자기주장을 쓴 글, 시사 평론, 문화와 문학에 관한 비평이 있다. 보고문은 노동현장 보고, 영농 보고, 도시 빈민 생활실태 보고, 연구 보고, 견학 보고, 실습보고, 회의상황 보고, 그 밖에 여러 가지 보고가 있고 편지와 일기도 다시 여러 가지가 있다.

이를 바탕으로 여기에서는 정직한 글, 자유로운 글, 관찰하는 글, 치유의 글, 믿음의 글, 가치 있는 글로 나눠 과천맑은샘학교 아이들 글을 맛보려고 한다. 제한된 지면이라 되도록 짧은 글을 넣었지만 글쓰기의 보기로 충분할 듯하다.

정직한 글 - 자신을 되돌아보고 자라게 한다

서사문, 곧 겪은 일을 쓰는 것은 모든 글의 바탕이다. 있는 그대로 정직하게 글 쓰는 버릇은 자신의 삶을 되돌아보게 하며 자신을 성장시킬 힘이다. 자신이 겪은 일을 되돌아보고 생각하고 삶을 가꾸는 것은 글쓰기의 놀라운 힘이다. 날마다 성찰하는 힘이 자랄 수 있는 방법이다. 일기 쓰기가 중요한 까닭이 여기에 있다. 날마다 쓰는 게 일기라지만 한 주에 한두 번만 써도 충분하다. 밥 먹듯이 글을 쓰도록 돕는 방법이고, 저마다 기운과 결에 맞게 지도하면 될 일이다. 한 줄만 써도 되고 두 줄만 써도 된다. 열 줄을 써도 되고 한 바닥, 두 바닥을 넘게 써도 괜찮다.

아이들의 글을 보고 늘 같은 일상을 있는 그대로만 쓰고 자신의 생각이 드러나지 않아서 재미없고 지루하다는 분들이 아이들의 글쓰기를 어떻게 도와야 할지 묻곤 한다. 모든 삶의 이치가 그렇듯 글 또한 양이 쌓여야 질로 바뀐다. 날마다 살아가는 자신의 삶을 있는 그대로 보고 느끼고 듣고 한 대로 정직하게 쓰는 힘이 쌓여야 여러 갈래 글을 쓸 수 있다. 느낌글(감상문), 풀이글(설명문), 주장글(논설문)은 차례대로 발전하는 것은 아니지만, 바탕은 역시 겪은 일 쓰기, 다시 말해 서사문에 있다.

씨름 연습과 00

개똥산에서 한 판의 승부. 단오 잔치 준비 때문에 억지로 연습하지만 하필 내가 싫어하는 씨름이라니…… 다치기 싫어서 만만한 이00 선생님과 하기로 했다. 마음은 '누구랑 하나 그거 그거잖아!'다. 내가 씨름을 싫어하는 건 00이 때문이다. 00은 생각도 안 해 보고 거칠게 몸을 쓰기 때문에 내가 많이 다친다. 그런데도 몸집이 같다는 이유로 00과 한 판이라니…… 그것 때문에 이00 선생님과 한다고 했다. 선생님이 기분 좋게 "그래." 하셨지만, 아직도 걱정이 된다. '넘어져서 다치면 어쩌나.' 하는 것 때문이다. 그러나 막상 씨름을 해보니 사람을 넘어뜨리면 생기는 짜릿함과 남을 배려하는 마음! 그러나 아무리 조심해도 다치기는 한다. 00과 준현이가 넘어질 때 머리를 부딪혀서 울기도 하고 울먹이기도 했다. 그래서 동생들과 씨름할 땐 넘어뜨려도 손을 잡아서 천천히 넘어뜨린다. 이것이 마음을 배운다는 것인가 보다. (5학년)

마음을 배운다는 게 무엇인지 한 번에 알 수 있는 글이다. 속마음을 그대로 내보이는 것이 어려운 게 어른들 세계라면, 어린이 세상에서는 속마음, 겉마음이 따로 없다. 오롯이 정직한 마음이 있을 뿐이다. 거친 씨름이 싫지만 짜릿한 씨름의 맛도 배우고, 몸을 쓰는 씨름에서 선생님과 동생들이 다칠까봐 걱정하는 어린이 마음에서 배려를 배운다.

기현이

오늘 모두 아침 열기 때 거친 말과 일본 말을 쓰지 말라고 했는데 세월호 노래 부르면서 동작하는 걸 보고 기현이가 "겁나 짱 재밌어." 이랬다. 그리고 노래 부르면서 춤추는 게 끝났을 때 "앵콜, 앵콜"이라고 해서 하지 말라고 했다. 그래서 기현이도 "형도 그러잖아"라고 한 것도 맞다. 나도 거친 말을 쓰니까 말할 자격이 없다. 내 마음을 되돌아보고 거친 말을 쓰지 말아야겠다. (3학년)

다른 사람 잘못이나 부족한 것을 꼬집는 것은 스스로 떳떳할 때 줄 수 있는 도움말이다. 우리말을 바로 쓰고 살려 쓰자는 뜻으로 동생에게 도움말을 주었지만, 형도 쓴 적 있지 않냐는 동생의 말을 인정하고 스스로를 되돌아보며 마음을 자라게 하는 고마운 글이다.

어머니 발 씻겨 드리기

내가 어머니 발을 씻겨 드렸다. 화장실이 2개인데 들어오는 화장실에서 씻겨 드렸다. 이 화장실에 있는 비누는 어린이 장터 때 지율이 형한테 있고 린스와 샴푸와 물비누는 한살림에서 샀다. 내가 먼저 샤워기물로 발을 문질러 적시고 물을 잠그고 손비누로 발에 발가락 사이사이를 묻히고 발 뒤, 발 위, 발 앞을 묻혔다. 다시 샤워기를 틀고 비누를 없애고 수건으로 닦아 드렸다. 내가 어머니한테 발을 씻겨 달라고 그러니 해 주시니까 고맙다. 어머니 사랑해요.♡ (3학년)

어머니 발을 씻겨 드리는 풍경이 그대로 떠오른다. 물로 발을 적시고, 손비누를 발가락 사이사이에 묻혀 씻고 수건으로 닦아 주며 무슨 생각을 했을까. 어떤 이야기를 주고받았을까 생각만 해도 즐겁다. 발을 씻겨 주는 아이와 어머니 모습을 상상하다 보면 우리도 집에서 꼭 그렇게 해 보고 싶지 않은가. 날마다 작은 실천으로 소중한 추억을 쌓을 수 있다.

나를 힘들게 하고 불편하게 하는 것은 '어두움'이야. 그 이유는 무서워서 그곳으로 못 가서 그래. 그런데 '어두움' 때문에 두려운 것을 참을 수 있는 용기를 배울 수 있어서 나에게 도움이 되는 것 같아. (1학년)

어둠이 있어야 빛이 있다지만 어릴 적 두려움의 대상은 정말 많다. 용기란 마음을 내는 것이고 내 삶에 도움이 되는 경험을 할 때 구체로 다가온다. 어둠이 있기 때문에 용기를 배울 수 있다는 1학년 어린이 말에서 우리가 배울 삶의 이치는 무엇일까.

우리 학교

우리 학교는 정말 좋은 학교다. 다른 학교와 조금 다르긴 하지만, 다 다른 것도 아니고, 조금 특별한 수업도 하고, 많이 논다. 나는 그런 우리 학교가 좋다. 늘 이대로 언제까지 학교가 이렇게 갈까. 그러면 좋겠다. (3학년)

선생님

선생님은 언제 어디서나 어린이를 살핀다. 선생님들은

어린이를 즐겁게 해 준다. 선생님들은 어린이들을 똑같이 좋아한다. 그래서 나는 참 행복하다. (5학년)

코로나19와 함께 살아가며 우리는 학교와 교육의 정체를, 우리 문명과 우리 삶의 정체를 알아 버렸다. 교육의 목적이 입시와 경쟁에 있지 않음을 다시 확인하고, 우리 아이들에게 돌봄과 배움이 공존하는 공간이 아주 소중함을 깨달으며, 원격수업으로 담을 수 없는 만남과 관계를 생각하게 됐다. 학교와 선생님에 대한 애정이 물씬 묻어나는 어린이 글을 읽으며 다시 학교와 교사 노릇이 무엇일까 묻는다.

내 속에는 무엇이 들어 있을까

내 속에는 무엇이 들어 있을까~ 내 속에는 학교에서 친구들과 놀면서 뭔가를 보면서, 하면서 배운 지식, 살면서 위험했던 순간에 스스로 배운 지식이 있다. 어머니, 아버지, 내 가족들에게서 받은 사랑도 있다. 친구들, 형, 누나, 동생들과 살아가면서 쌓은 우정이 있다. 움직이고 먹고 하면서 얻은 기운, 내 피와 살이 되고 뼈가 됐다. 선생님들 같은 어른들에게서 옳고 그름을 배웠다. 나는 내

친구들, 내 주위 사람들에게 믿음이 있다. 의리도 있다. 여기저기서 배워서 해 보고 몸에 익은 기술도 있다. 선생님, 부모님, 또 다른 어른들이 날 길러 주신 은혜가 있다. 그리고 내 속에는 안 좋은 것도 있을 거다…… 그래도 나에게 추억이 있고 나를 아껴 준 모두의 마음이 담겨 있다. 다른 것들이 더 있겠지만, 다 적을 순 없지만 날 길러 준 온 우주에 감사하다. 이 모든 것들이 내 안에 있기에 내가 있다. (6학년)

한 번쯤 우리를 둘러싼 모든 것을 되돌아볼 때가 있다. 성장기를 쓸 때 우리는 무엇을 쓸까? 우리는 우리가 받은 사랑과 믿음, 배움, 추억, 은혜가 우리를 성장시켰음을 깨닫고 고마워하며 살고 있는가.

자유로운 글 - 쓰고 싶은 걸 쓰면 참된 글이 나온다

겪은 일을 바탕으로 마음껏 쓰고 싶은 글감을 찾아 쓰다 보면 자연스레 여러 갈래 글쓰기를 할 수 있다. 학교와 가정, 자연 어느 곳에서든 보고 듣고 말한 것들을 자세히 쓰는 힘을 바탕으로 자유롭게 여러 갈래 글로 발전시킬 수 있다. 생리 현상에서부터 자신이 맺은 관계, 모든 것을 자신의 눈길로 잡아내도록 도울 필요가 있다. 자유는 인간의 본성이지 않은가. 자유는 민주주의 정신이다. 그러니 삶을 쓰는 글은 본디 자유롭다. 어떤 주제도 자유롭게 마음껏 말할 수 있고 쓸 수 있어야 한다. 말하고 싶은 마음, 쓰고 싶은 마음이 일어나면 글은 저절로 쓸 수 있다. 맞춤법과 띄어쓰기가 먼저일 수 없는 까닭이다. 말하듯이 글을 쓰게 되면 자연스레 호흡에 맞게 맞춤법을 익혀 갈 수 있다. 물론 알맞은 단계마다 글쓰기 지도가 필요하다. 그렇지만 가장 중요한 것은 마음이 동해야 하는 것이다. 쓸 것이 많고 쓸 마음이 일어나도록 학교와 사회가 보장하고 있는지 생각해 볼 지점이다. 삶을 북돋는 글쓰기의 목표를 놓치지 말아야 한다. 쓰고 싶은 게 가득하도록 학교는 재미있는 일이 많아야 하고, 일과 놀이가 풍성해야 한다. 한 게 없는데 할 말과 쓸 말이 없는 건 당연하다.

아버지 손바닥

축구만 보시고 그림 그릴 틈은 조금도 주지 않는다.

어딜 가든 손전화와 붙어 있는 아버지 손바닥. 손전화가 있으니까 아버지 손바닥은 외롭지 않겠다. (3학년)

가족회의

사회: 성철, 칠판: 민선, 서기: 윤아

사회: (차를 타 옴)

사회: 자, 회의 시작하겠어요. 일어나서 돌아다니면 빼겠습니다. 안건 받겠습니다. 아! 안건 받기 전에 이번 주 일정을 알려 드리겠습니다.

4월 9일(내일) 저녁 일곱 시: 어머니(사회) 영어수업

4월 11일 오후 두 시 30분: 철 안과

4월 13일 저녁 여덟 시: 알찬샘 모둠 모임

4월 14일: 홍성 가기

사회: 안건 받겠습니다. 지나치게 장난하면 회의에서 퇴장입니다. 두 분이 나갈 것 같습니다. 또 안건 받겠습니다.

김철 생활 습관 이야기 -칠판-

놀림말 이야기 -철-

남의 것 가져가는 이야기 -철-

(*급상황: 김철이 빠져서 김철이 낸 두 가지의 안건도 뺌.)

사회: 왜 내셨나요? 칠판이 화나서 회의에서 빠졌습니다. 칠판 없이 하겠습니다. 김철이 아까 칠판한테 "나쁜놈."이라고 해서 칠판이 빠졌습니다. 자, 다른 분들 안건과 관련해서 이야기하고 싶은 것이 있으면 말해 보세요.

서기: 이야기할 거 없으니까 바로 결론으로 넘어가요.

사회: 철이의 생활 습관 중에서 문제가 있다고 생각되는 부분은 어떤 것입니까?

서기: 저요!

사회: 네, 말씀해 주세요. 서기!

서기: 김철이 욕을 쓰는 것에 문제가 있다고 봅니다.

사회: 더 말씀하실 건 있나요?

서기: 없습니다.

사회: 김찬도 할 얘기 있으면 말씀해 주세요.

김찬: 없습니다.

사회: 저는 철이가 스스로 해야 할 일을 잘 하지 않는 것 같습니다.

철: (회의에서 빠졌지만) 내가 해야 할 일 잘하잖아! 엄마(어머니)! 미워(요)!

사회: 그리고 아버지가(칠판) 철이에게 너무 장난을 많이 거는 것 같습니다. 철이는 너무 화를 쉽게 내는 것 같

습니다. 결론으로 넘어가겠습니다. 결론 내실 분 말씀해 주세요.

철: (회의에서 빠졌지만) 나쁜 사람들! 돌 맞아 죽었으면 좋겠다.

사회: 어떻게 하면 철이가 바른 생활 습관을 할 수 있는지 생각해 보고 말씀해 주세요.

서기: 저요!

사회: 서기! 말씀해 주세요.

철: (회의에서 빠졌지만) 이씨!

서기: 일주일에 세 번 욕이나 나쁜 말을 쓰면 쿠폰 같은 걸 만들어서 종이에 붙이고, 일주일에 얼마나 나쁜 말이나 욕을 쓰는지에 따라 벌을 받자.

사회: 네, 또 의견(결론) 말씀해 주세요.

김찬: 일주일에 하루 철이가 하고 싶은 대로 하자.

사회: 저는 아버지가 철이에게 장난을 걸지 않고, 철이는 스스로 해야 할 일을 잊었을 때 가족들이 말해 주면 잘 듣자.

사회: 투표하겠습니다. 1번 결론-0, 2번 결론-1, 3번 결론-2.

사회: 이로써 최종 결론은 3번 '아버지는 철이에게 장

난을 걸지 말고, 철이는 스스로 해야 할 일을 잊었을 때 가족들이 말해 주면 잘 듣자.'입니다.

사회: 회의 마치겠습니다. (3학년)

아이들 삶에 가장 큰 영향을 주는 곳은 집과 학교다. 물론 요즘은 학원도 들어가겠다. 글은 삶을 쓰는 것이니 날마다 만나는 사람들 이야기가 아이들 글에는 자주 나온다. 아버지 손바닥에 딱 붙어 있는 손전화(휴대폰) 이야기도, 민주스러운 가족문화를 보여주는 가족회의도 글감이 된다. 학교 어린이회의에서 배운 걸 집에서 그대로 실천하며 삶을 가꾸는 회의 기록은 많은 가족과 학교 어린이들에게 들려줄 수 있는 귀한 보기글이다.

별것도 아닌 1분

오늘은 논에 있는 풀을 뽑아야 한다. 비가 안 와서 물이 많은 논이 다 바싹 마르고 땅이 쩍쩍 갈라지고…… 우리 등에서는 땀이 줄줄 흐르고…… 생각했던 것보다 많이 힘들다.

"아~ 더워. 선생님 우리 안 가요?" 하니 선생님이 "곧

갈 거야~ 조금만 더 뽑고 가자." 줄곧 조금만, 조금만. 별것도 아닌 1분이 내겐 1년이 지나는 듯 길게 느껴졌다. (3학년)

힘든 일은 잠깐이라도 아주 길게 느껴지고, 재미있고 좋아하는 일은 시간이 빨리 가는 경험은 누구나 지니고 있다. 더운 날 논농사 일하기 힘든데 선생님은 조금만 더 하고 가자고 하니 얼마나 시간이 안 갔을지 짐작이 간다. 그런데 도시에서 논농사를 짓는 경험을 하기는 쉽지 않아서, 요즘 세상에도 어린이들이 이런 일을 하는 곳이 있나 궁금한 분들이 있을 듯하다. 더욱이 손모를 심고, 논에서 자라는 풀을 뽑는 일은 벼의 한 살이를 모두 겪어 볼 때야 하게 되는 일이다. 그러니 가물 때 논이 쩍쩍 갈라지는 모습을 보고, 따가운 햇살 아래 등에서 땀이 줄줄 흐르도록 일을 하는 교육 현장은 드물다. 역시 4차 산업혁명을 말하는 때 농사 교육을 미래교육이라고 말하는 교육 현장은 더 찾기 어렵다. 어린이 농사 경험에서 미래교육의 정체를 이야기해 볼 수 있지 않을까.

선물

예지한테 선물을 주고 싶다. 그게 뭐냐면 축구공이다. 왜 그걸 주고 싶냐면 축구를 좋아하라고. 나한테는 얼음과자를 만드는 기계를 주고 싶다. 그냥 시원하라고. 윤정이한테는 남자로 만들 수 있는 기계를 주고 싶다. 윤정이 남자였으면 좋겠다. 용주는 울지 않는 기계를 주고 싶다. 많이 울어서. 김 선생님은 돼지를 주고 싶다. 더 뚱뚱해지라고. 차 선생님한테는 얼음과자를 많이 주는 사람을 선물로 주고 싶다. 선생님이 얼음과자를 많이 안 줘서. (1학년)

축구를 좋아하니 여자 동무에게 축구공을 줘서 같이 하고 싶고, 남자 동무가 없으니 여자 동무를 남자로 바꾸고 싶고, 얼음과자(아이스크림)를 언제든 먹고 싶어 기계를 선물로 받고 싶고, 선생님에게 얼음과자 많이 주는 사람을 선물로 주고 싶다는 1학년 마음이 그대로 보여 웃음이 절로 난다.

1학년은 외계인으로 불린다. 외계인의 특징 첫째는 현재와 과거, 현실과 상상을 넘나드는 상상력이 대단하다는 거다. 둘째는 세상은 지구가 태양 주위를 도는 것처럼 나를 중심으로 모두가 돌고 있다는 것, 셋째는 순간순간 본능과 욕구에 충실하다는 것, 넷째는 이야기를 좋아해 외계의 상상력을 들려주면 쉽게 빠져든다는 것, 다섯째 웃음의 포착 지점이 다르고, 누구에게나 마음을 열어준다는 것, 여섯째 자기가 한 행동과 말에 크게 뜻을 두지 않는다는 것, 일곱 번째 천사 같은 마음으로 무서운 행동을 할 수 있다는 것, 여덟 번째 때와 장소를 가릴 필요가 없는 대담함, 아홉 번째 본능과 욕구 가운데 먹을거리에 약하다는 것, 열 번째 사랑과 행복이 얼굴과 몸에 가득 묻어난다는 것, 열한 번째 똥과 오줌, 코딱지 같은 기본 본능에 충실하며 그 이야기에 더 환호한다는 것, 열두 번째, 자기 욕구에 충실할 때 나오는 놀라운 승부욕과 어디서 들었는지 놀랍고 어마무시한 말을 쉽게 한다는 것, 열세 번째……. 외계인들의 특징은 어마어마하다.

관찰하는 글 - 자기 잣대로 사물을 보는 힘을 기른다

여러 갈래 글 가운데 꾸준히 관찰하거나 기록해서 정리하는 글은 스스로 또는 선생의 도움을 받아야 할 때가 있다. 자유로운 관찰 기록도 필요하고, 선생이 만들어 제안한 기록 보고서 틀을 바탕으로 글을 쓰는 것도 좋다. 스스로 실험을 하거나, 식물이나 곤충을 관찰하거나, 사람의 일상을 관찰하거나, 관심 있는 주제를 정리해서 기록해 보는 경험은 스스로를 살찌우고 배움을 확장할 수 있다. 아이들이 글을 쓰기 위해 관찰하고, 책을 찾고, 매체를 활용해 조사하는 버릇(습관)이 꾸준하도록 도와야 한다. 재미난 방학 숙제가 될 수도 있고, 서로에게 즐거운 경험이 될 수도 있다. 보고서가 갖춰야 할 틀과 양이 있다 하더라도 단계마다 알맞게 재미나게 지도할 수 있다.

과학실험

과학실험을 했다. 먼저 주제는 '기체'로 정하고 먼저 물체의 성질을 알아봤다. 기체, 고체, 액체의 성질은 기체=형태가 일정하지 않고 밀도가 낮다. 고체=모양 변화가 없고 밀도가 높다. 액체=형태가 그릇에 담겨 있으면 일정하지만 역시 일정하지 않고 밀도는 고체와 기체의 중간 정도. 이런 이론을 듣고 이산화탄소의 성질을 알아보는 실험을 했다. 먼저 염산과(?) 베이킹소다를 시험관에 넣고 이산화탄소를 발생시킨 다음 향을 그 안에 넣으면 불씨가 꺼진다. 그리고 두 번째 실험으로 석회수에 빨대로 입김을 불었더니 석회수가 이산화탄소를 만나 뿌옇게 변했다. 이산화탄소의 성질은 불을 꺼지게 하고 석회수와 만나면 뿌옇게 변한다. 그다음엔 산소를 발생시켜서 그 특징을 알아보는 건데 먼저 과산화수소와 검은 어떤 가루를 소주병에 넣고 거품이 발생할 때 향을 넣어봤더니 불꽃이 잘 살아났다. 산소는 불을 붙게 하는 성질이 있다. 마지막으로 과산화수소에 마그네슘 리본을 잘라서 넣고, 달걀 껍데기로 수소를 시험관에 대고 기체를 모은 다음 소주병에 재빨리 세워 놓고 향을 가까이 갔다 댔는데 뽁! 소리만 나고 반응이 없었다. 한 모둠은 성공했는데 달걀이 터졌다. 수소는 가연성이 있는 기체라고 해서 탄다고 표현하기도 한다. 오늘은 너무 졸려서 그만 써야겠다. (5학년)

과학 글쓰기가 유행이었던 때가 있었다. 논술시험 때문이다. 그런데 과학은 관찰과 호기심이다. 시험 때문이 아니라면 우리는 살아가는 데 도움이 되는 다양한 지식에 접근하는 방법이 좀 다르지 않았을까. 어릴 적부터 호기심을 막지 않고, 자연을 자세히 관찰하도록 돕는다면 과학뿐 아니라 인류의 위대한 지식은 더 자연스럽게 다가올 것이다.

어린이들은 텃밭과 생태과학도 좋아하지만, 물리와 화학 같은 실험 수업에서 뭔가를 만들고 실험하는 걸 아주 즐거워한다. 관찰과 호기심이 과학의 핵심이라 늘 관찰할 대상을 살피고 호기심을 불러일으키도록 선생은 많은 질문을 던져야 하며 이야기를 꺼내놓아야 하는데, 아무래도 선생의 준비에 따라 좌우되는 편이다. 우리는 우리가 살아가는 자연이 그대로 과학으로 연결되도록 애를 쓰고 있다. 하늘, 땅, 숲, 바람, 식물, 동물, 곤충, 자연 현상을 날마다 보고 겪으며 살아가는 우리는 과학이 일상이 다. 하늘을 올려다보며 해와 달, 별을 이야기하고, 바람과 비, 눈 같은 날씨가 그대로 삶의 슬기로 연결되는 과학은 속담과 옛이야기, 책들에서 찾고 많은 과학실험에서 다시 확인하고 정리할 수 있다. 사실 그러려면 선생이 과학 낱말을 많이 쓰고 늘 관찰하고 호기심을 보이는 태도를 지녀야 더 자연스러울 터이다. 우리가 밤하늘에 보는 별이 과거의 별을 보는 것이고 지금도 멀어지고 있다는 것도, 우리에게 쏟아지는 햇빛이 8분 전 과거이고, 스스로 빛을 내는 별 태양이 핵융합으로 만들어 낸 에너지 때문에 우리가 살아간다는 것도 우리 삶의 의미가 없다면 무슨 소용이 있을까. 소리가 1초에 340미터를 가는 것을 알아서 3분 뒤에 천둥이 치는 소리를 듣고 그 거리를 아는 것이 내 삶과 어떻게 연결되는 것인지, 1초에 30만 킬로미터를 가는 빛의 속도를 안다고 해서 나에게 그게 무슨 의미가 있는지 궁금해야 한다. 그래서 과학 하기는, 인류가 준 위대한 선물이며 우리의 사고를 확장하고 자연의 일부로 자연 속에서 살아가는 사람들에게 꼭 필요하다. 날마다 무엇인가를 관찰하고 만들어 내는 우리 어린이들과 함께 과학 할 게 정말 많다. 날마다 태양광발전량을 기록하고, 스스로 만든 백엽상에서 온도와 습도를 날마다 기록하고, 발효항아리를 관찰하며 고체와 액체가 만나 기체를 만들어내는 현상을 관찰하는 어린이는 과학자가 된다. 어린이들이 귀찮아하지 않고 꾸준히 관찰해 기록하는 기쁨을 느끼도록 선생이 준비할 게 많다. 맛있는 과학이 되고, 어린이들에게 쓸모 있는 기록이 되도록, 다양한 일놀이 활동이 그대로 과학실험과 이론으로 연결되도록 책을 찾고 이야기를 나눠야 한다.

개인 연구 보고서

1. 연구 제목: 사슴벌레

2. 연구(조사) 기간: 2009. 12. 26.~2010. 2. 8.

3. 연구(조사)하게 된 까닭과 목적: 사슴벌레를 더 잘 돌보고 싶어서

4. 연구(조사) 방법

[성충]

1. 과일 중 뭘 가장 좋아하는지

2. 무슨 일을 하면 어떤 반응을 보일지

3. 하루 생활 관찰

[유충]

1. 균사로 키운 유충과 톱밥 유충에 차이

2. 유충에 반응

3. 행동 관찰

넓적사슴벌레

넓적사슴벌레는 우리나라에서 많은 사슴벌레에 속한다. 크기는 8.5센티미터까지 자라고 암컷은 얼굴이 비칠 만큼 광택이 난다. 수컷은 광택은 안 난다. 넓적사슴벌

레는 우리나라에서 턱이 가장 발달한 종이다. 길고 튼튼하게 자란 턱이 사슴벌레 중 최강자를 만들었다. 좋아하는 나무는 참나무 종류다. 짝짓기는 다른 사슴벌레와 다르게 꼭 안는 게 아니라 꽁무니만 대고 하는 일이 많다. 알은 참나무에 났고 7~15일 정도 지나면 1령 애벌레가 태어난다. 1령 애벌레가 40~65일 있으면 2령이 되는데 이때 크게 키우기 위해 균사를 쓰기도 한다. 2령이 90~70일 정도 있으면 3령 애벌레가 된다. 이때는 식욕이 왕성하기 때문에(2령은 동변을 한다.) 사육하는 사람은 두 달에서 한 달에 한 번 톱밥을 갈아줘야 한다. 7월에서 8월쯤 되면 번데기가 되는데, 이걸 용화라고 한다. 번데기가 되면 2주 정도 있다가 번데기를 벗는다. 그걸 우화라고 한다. 그리고 날개를 말리며 2주 동안 먹이를 안 먹는 현상이 있는데 이걸 후식기간이라 한다. 후식기간을 마치고 3개월 정도 성숙기간을 마치고 짝짓기를 한다. (5학년)

방학 때 기간을 정해 관찰해서 관찰 기록문, 또는 연구 보고서를 쓴 보기다. 사슴벌레를 좋아해서 키우는 어린이가 사슴벌레를 더 잘 돌보기 위해 필요한 지식을 얻고 정리해 드디어 사슴벌레 박사가 되었다. 관찰 대상, 관찰하는 목적과 까닭, 관찰 방법, 관찰 결과가 자세히 드러난 멋진 보고서는 그대로 스스로를 살찌우고 배움을 확장할 수 있다.

실험 저장지(여러 가지를 맛보고 적어 둔 종이)

한지: 이상하다.

뱀딸기: 잎은 약간 달고 열맨 밍밍하다.

질경이: 맛없다.

괭이밥: 시면서 톡 쏜다.

며느리배꼽: 너무 시지만 맛있다.

잔디: 그냥 맹맛('무맛'이 표준어-편집자 주)이다. 버석거림.

향나무 잎: 엄청 독해서 머리가 띵하고 몸속이 얼얼하다.

옥수수 담배: 토한다.

돌나물: 담백해서 맛있다.

쥐똥나무: 찐한 녹차 맛.

휘발유: 쓰고 꺼칠꺼칠.

집게벌레: 쓰고 얼얼하다.

쥐똥나무 폭탄: 쥐똥나무 잎을 넣고 휴지로 말아 불을 붙인다. 실패.

(그림들)

송진: 무슨 맛인지 모른다.

솔잎: 솔 냄새고 오래간다.

종이: 중독성이 있고 맛있다.

노루오줌풀?: 쓰다.

칡: 좀 달다.

진달래: 약간 밍밍하다. (4학년)

뭐든지 맛을 보고 그 느낌을 적어 둔 걸 실험저장지로 부르는 글도 과학 하는 태도로 들려줄 수 있다. 쉬워 보여도 이렇게 맛을 보고 그 느낌을 기록하는 것은 누구나 하는 건 아니다. 아무 풀이나 맛을 보다 큰일 날 일이라고 놀랄 수 있지만, 맛보지 말아야 할 식물 이야기로 발전시켜 말할 수 있는 보기글이다. 스스로 겪어 보고 기록하는 버릇과 태도가 형식과 틀을 갖춘 관찰 기록문과 연구 보고서로 발전할 수 있다.

1. 연구 제목: 박○○이 언제 화를 낼까?

2. 연구(조사) 기간: 24시간

3. 연구(조사)하게 된 까닭과 목적: 박○○이 짜증낼 때 피할 수 있으니까

4. 연구(조사) 방법

—박○○의 의식주를 관찰하고 사생활을 검사해 본다.

—대체로 몇 시에 어떻게 화를 내는지 검사하고 뭘 해야 화를 내는지 적는다.

5. 연구(조사)한 내용과 결과

—책, 실험 관찰 연구한다.

[내용 정리]

1. 의식주 정리

옷은 편안하게 헐렁거리는 것으로 입고 있다. 먹는 건 불량식품을 가끔 먹고 밥은 주는 대로 먹는다. 사는 곳은 우리 집이다.

2. 생활

오전 7시: 잔다.

8시: 잔다.

9시: 뒤척이며 코를 골며 잔다.

10시: 이제야 일어나서 아침밥을 먹는다.

11시: 잔다.

1시~2시: 점심을 먹는다.

3시: 옷을 갈아입고 나간다. 짜증낸다.

4시~5시: 나가 있다.

6시 30분: 들어온다.

7시: 어질러 놓고 짜증을 많이 낸다.

8시: 저녁을 먹는다.

9시: 논다.

10시: 논다.

11시: 잔다.

3. 대처방법

3시와 7시를 조심하고 항상 위기가 찾아왔을 경우 대처하자. 어떻게 화를 내냐면 "아나~ 진짜"라고 말하며 얼굴이 빨개지고 눈이 이상해진다.

4. 연구(조사) 뒤 느낌

박00의 하루를 살펴본 결과 어느 때를 어떻게 어떻게 대처하는지 알게 되었다. (6학년)

짧은 시간에 동생을 관찰해서 연구 보고서로 정리

한 게 웃음을 준다. 자세히 보아야 예쁘다는 시인의 말도 있다지만 동생이 언제 화낼지를 알아서 피하고 싶은 마음으로 관찰 결과를 쓴다는 게 재미있다. 관찰하는 목적, 대상이 뚜렷하고 방법이 알맞다면 이떤 것도 글감이 될 수 있다고 격려해 줄 만하지 않은가.

치유의 글 - 마음껏 쓰면 맺힌 마음이 풀린다

날마다 생기는 많은 일과 사람 관계에서 감정이 쌓이는 것은 당연하다. 자신의 감정을 있는 그대로 정직하게 쓰다 보면 자신을 뚜렷하게 들여다보는 힘을 기를 수 있다. 다만 문제를 모두 남의 탓, 상황 탓으로만 돌리지 않고 자신이 더 애써야 할 것을 찾도록 도와야 한다. 프레네 교육을 실천하는 치유의 글쓰기 또한 같은 것이다. 글쓰기가 표현 교과이자 인지 교과를 모두 통합할 수 있지만, 무엇보다 중요한 것은 하고 싶은 이야기를 마음껏 하도록 하는 데 있다. 말이 먼저고 글이 나중이다. 억울하고 화나고 슬프고 기가 막힌 일이 생길 때 누군가에게 말을 하고, 들어 주는 사람이 있을 때 위로를 받고 스스로 마음을 다스리는 게 사람이다. 말하는 것이 편한 사람에게도, 말하는 걸 부담스러워하는 성격에도 글쓰기는 효과가 있다. 글을 쓰며 스스로 감정을 풀어내고 다스릴 수 있다. 글쓰기가 지닌 큰 힘이다.

헤엄

선생님들은 나쁘다. 1학년들은 한 달에 한 번 걸어가면서 2, 3학년은 한 달로 따지면 세 번 걸어간다. 많이 걸어간다 해도 1학년들은 두 번밖에 안 걸어간다. 한 번씩 번갈아 가면서 걸어가면 좋겠다. 선생님들이 그렇게 하자고(1학년들 한 달에 한 번, 2, 3학년은 한 달에 세 번 걸어가는 것) 했으니까 나쁘다. (2학년)

이 글로 헤엄터 가는 학교 규칙은 어린이들이 동의할 만한 규칙으로 바뀌었다. 어린이들은 평등을 참 좋아한다. 때로는 차이를 인정하지 않는 기계스러운 평등을 주장하지만, 대체로 공평하지 못한 것에 자기주장을 뚜렷하게 드러낸다. 어린이가 하는 말에 귀 기울이고 어린이들이 함께 살아가는 규칙을 스스로 만들어 가도록 돕는 교육이 일상에서 이뤄져야 한다.

형들

형들은 착할 때도 있고 나쁠 때도 있다. 선생님이 없을 때는 동생들한테 약 올리고, 선생님이 있을 때는 약 올리지 않는다. 그게 문제다. 잘 지켜 줬으면 좋겠다. (3학년)

선생님이 없을 때와 있을 때 어린이들의 말과 행동은 다를 수 있다. 형들에게 한결같이 살라는 핵심을 말하고 있는 셈이다. 형들에게 동생들의 마음을 들려주고, 동생들은 형들의 처지를 들어 보고 함께 이야기 나누기에 적당한 짧은 글이다.

오빠

오빠는 조금 사람 마음을 헤아리고 고마움을 느껴야한다. 그 까닭은 오빠가 고마움을 모르기 때문이다. 어머니 아버지가 집에 없을 땐 거의 내가 밥을 해 준다. 그런데 아무리 해 줘도 고맙다는 말을 안 한다. 오늘 명진오빠와 웹툰 이야기를 하다가 소영이와 내가 만화책 내용을 말하니까 "헐, 김소영 아이디로 웹툰 보냐~" 한다. 정말 어이없다. 내가 전자 편지를 오래 해도 "전자 편지 말고 주니어네이버 가서 게임하지?"란다. 너무 억울하다. 어머니한테 말하면 "농담이지~" 한다. 그런데 농담치곤 너무 심하다. 나는 오빠가 기분이 안 좋으면 "오빠 화났어? 밥 먹자. 내가 해 줄게. 뭐 먹을까?"라고 애써 친절하게 말한다. 그럼 오빠가 조금 친절해진다. 짜증부리며 내 말을 들어 준다. 내가 꼭 얘기하고 싶은 건 오빠가 농담이 지나치다는 것이다. 내가 이 얘기를 해야 하는 까닭은 ① 농담을 많이 하며 다른 사람 처지를 생각하지 않기 때문에 ② 있지도 않은 일을 다른 사람에게 말하기 때문이다. 그중 저번에 손으로 병 앞으로 왼발 들어 물구나무서서 "전지~" 하며 가운데 손가락('가운뎃손가락'의 사투리-편집자 주)을 내미는 걸 호영 오빠가 해서 따라하니 오빠가 "왕서진 집에서 날마다 엿 같아. 두 번 하고 다닌다." 한다. 너무 화가 나서 소리를 질렀다. 억울했다. 그리고 내가 뭐라 하면 날마다 집에서 "닥쳐." 열 번을 한다. 그러니 오빠는 집에서 밥을 해 주고, 부풀리지 말아야 한다. (5학년)

오빠와 동생의 생활을 그려 볼 수 있기도 하지만 오빠에게 하고 싶은 말을 뚜렷하게 해서 말과 행동을 고치도록 요청하는 동생의 절실함이 가득하다. 억울하거나 맺힌 일이 있다면 자신의 처지에서 하고 싶은 말을 정직하게 들려주는 것은 어린이 세계의 특징이다. 사회생활을 원만하게 하고 싶은 어른들 세상에서는 쉬운 일이 아니다. 오빠 처지와 동생 처지는 또 다른 것이니, 글에서 말하는 것처럼 오빠가 진짜 그런지 판단해서는 안 된다. 그렇지만 동생이 얼마나 화가 나고 억울하면 그럴까 하는 심정으로 동생의 마음을 헤아려 공감할 수 있다.

동생

밥을 먹고 있다. 그때 동생이 책을 보고 있었다. 나는 내가 아끼는 책이어서 덮으라고 했다. 그런데 듣기는커녕 대들기만 한다. "으~" 폭발 직전이다. 이때 동생이 "준성아."라는 말을 했다. "쿠궁!" 드디어 폭발했다. 내 의지와 상관없이 손이 출동한다. "슈~~" "끽!" 하지만 앞에서 멈춘다. 뭐 하지도 못하는 나. 짜증난다. (5학년)

이번에는 형의 마음을 들여다볼 수 있는 글이다. 동생이 있는 사람이라면 누구나 한 번쯤은 있음직한 일이지 않은가. 형, 언니, 누나, 오빠 물건을 허락받지 않고 만지거나 형 대접을 해 주지 않는 동생의 말과 행동을 볼 때, 혼내 주고 싶은데 부모님 때문에 어쩌지 못하는 형의 모습이 그대로 보인다. 이 글을 동생이 있는 어린이들에게 읽어 주면 모두 "맞아, 맞아."를 외친다. 형과 동생의 마음을 함께 이야기해 볼 수 있다.

대안학교도 지원을 해 줘야 한다

나는 맑은샘학교라는 초등 대안학교를 다니고 있다. 그런데 아직 대안학교는 지원을 못 받고 있다. 일반학교는 일반학교대로 공부하는 게 있고, 대안학교는 대안학교대로 공부하는 게 있다. 그런데 왜 일반학교만 지원을 해 주고, 대안학교는 지원을 해 주지 않는 건지 모르겠다. 지금 우리 학교에서 지원받는 거는 단지 급식비 반을 지원받고, 반은 부모님들이 내고 있다.(지금은 백퍼센트 지원받고 있다—저자 주) 이건 부당하다. 아니 왜 일반학교만 해 주는지 정말 이해가 안 간다. 내가 생각할 때는 일반학교보다 대안학교가 좋은 거를 많이 가르치는 거 같다. 그리고 대안학교는 학교로 취급받지도 못하고 학교 밖 청소년이라고 불린다. 정말 기분 나쁘다. 똑같은 학교인데 왜 그렇게 불리는지, 그리고 우리는 학교를 졸업해도 졸업장이라고 해야 하나 그런 게 제대로 나오지 않고 검정고시를 통과해야 나온다. 그러니까 빨리 대안학교도 비인가 대안학교가 아닌 인가 대안학교라도 되면 좋겠다. (6학년)

학교

학교란 무엇인가. 선생님들께 질문을 던지고 싶다. 학교는 필수인가. 아이들에게 질문을 던지고 싶다. 대안학교는 잘못된 것인가. 지나가는 사람을 붙잡고 물어보고 싶다. 일반학교가 안 맞아서 더 나은 대안을 찾았다. 하지만 정부가 인정을 해 주지 않는다. 검정고시를 안 보면 초등과정 졸업을 안 한 것이 된다. 게다가 나이 제한도 있다. 더 나은 대안을 찾고 그 학교에 다니는 것이 교육청은 마음에 안 드나 보다. 인가 비인가 없는 세상! 교육이 평등한 세상! 학교차별 없는 세상이 왔으면 좋겠다. (6학년)

나는 대안학교에 다니는 어린이다

나는 1학년 때부터 이 학교에 다녔다. 나는 잘 몰랐지만 조금 나이를 먹으니 대안학교가 어떤 것인지 알게 됐다. 그런데 내가 생각하는 대안학교는 다른 학교 못지않게 공부도 하고, 자연과 어우러져 놀아서 좋다. 그런데 다른 사람들은 대안학교라고 하면 약간 몸이 불편한 아이가 다니는 학교라고 생각한다. 그런데 전혀 그런 학교가 아니다. 우리는 비인가다. 그런데 정부(교육부)에서는 우리를 미인가로 한다. 우리는 왜 어떤 틀에서만 자라야 하고, 그 틀 안에서 있지 않으면 우리는 학생이 아닌 줄 안다. 그런데 전혀 그렇지 않다. 일반학교와는 조금 다른 공부를 하지만 이 세상을 살아가면서 할 수 있는 중요한 것들은 다 할 수 있다. 요금 애들은 우리가 하는 빨래, 밥짓기, 설거지 따위도 잘 못 한다. 나는 실생활에 필요한 것을 잘하면 잘 지낼 수 있다고 생각한다. 그런데 정부에서는 정해진 대로 공부를 안 하면 안 된다고 그러는데, 며칠만 이 학교에 와서 살면 마음이 바뀔 수 있다. 그래서 정부에서는 대안학교를 인정해 주고, 우리도 학생이라고 해 줘야 한다. 우리도 다른 학생들과 같은 학생이다!!! 그리고 선생님들도 아주 훌륭한 선생님들이다! 그러니 지원해 줘야 한다. 우리가 행복하게 지내게 해 줘야 한다! (6학년)

우리나라에서 대안학교 청소년으로 살아가려면 소수자로서 겪고 마주해야 할 게 많다. 예전보다는 나아졌지만, 여전히 대안학교 학생들은 제도권 학교 밖 청소년, 학업중단 학생으로 불리고 있다. 이이들 처지에서 보면 인가와 비인가를 기준으로 차별하는 세상이라고 충분히 느낄 만한 일들이 아직도 줄곧 일어나고 있다는 걸 세상 사람들은 얼마나 알까.

교육청의 미래형 공립대안학교 설립을 위한 자리에 참여할 때마다 미래교육에 대한 생각이 비슷하면서 다르다고 생각할 때가 있다. 언제나 지금의 체제 안에서만 체제 밖을 상상하면 엄두가 안 나는 게 한두 가지던가. 따로 설립하든, 이미 있는 학교를 연결해 지원하든 교육의 중심은 학생이며, 학교는 아이들을 위해 있고, 행복해야 배울 수 있다. 학생 중심의 행복한 교육 현장을 만들기 위해 필요한 상상과 모색을 모두 모아 보며 우리 교육의 모습을 본다. 미래형이란 이름에서 미래 속에 담길 중심 가치는 무엇인지에 대한 교육철학을 떠올리고, 공립이란 이름에서 교육재정과 공공성, 보편성을 담아 보고, 대안학교란 이름에서 입시와 경쟁을 벗어나 교육의 바탕을 실현한 행복한 한국의 대안교육 현장을 연결해 보았다. 철학, 학제, 교육과정, 교사, 공동체, 마을, 많은 가치 속에 학생들이 행복한 교육 현장을 20년에서 25년 넘게 가꿔온(1958년에 설립된 풀무농업고등기술학교를 생각하면 72년째다) 우리나라 대안학교의 교육성과는 대단하다. 제도권 교육 밖에서 입시와 경쟁을 반대하고 민주와 협력 속에 행복한 교육공동체로 학교를 가꿔 온 한국의 대안교육은 세계 어느 교육 현장에도 자신있게 말할 수 있는 미래교육 현장이다.

혁신학교, 꿈의 학교, 미래학교로 이어지는 공교육 혁신의 바탕에 대안교육 현장이 만들어 온 가치가 그대로 담겨 있다. 우리나라의 훌륭한 대안학교를 공교육 수준으로 지원하고 보장한다면 한 번에 정말 많은 공립대안학교가 설립되는 게 아닐까. 교육재정이 뒷받침되면 더 많은 학생들이 행복한 배움으로 앞날을 열어 갈 수 있을 텐데 말이다.

괜히 따라간 총회

오늘 어린이집 총회를 하는데 어머니 따라서 어쩔 수 없이 갔는데 정말 최악이었다. 어른들은 도대체 뭐가 그리 좋은지 웃으면서 회의를 하셨다. 어른들은 어린이들을 봐 주지도 않고 회의만 하셨다. 아기도 놔두고 아이회 돌보미도 없는 채로 나만ㅜㅜ. 오늘 어른들이 정말 미웠다. 오늘 정말 최악이야. (4학년)

아이들 처지에서 보면 가기 싫어도 어쩔 수 없이 어른들 모임에 따라가는 경우가 있다. 아기 때문에 놀지도 못하고 돌보미도 없이 아이들끼리 있으니 힘든 마음을 그대로 썼다. 어른들 모임을 하지 말라는 게 아니고 어린이들에게 충분한 놀 거리를 마련해 주거나 어른들 몫을 다해 달라는 뜻이니 어른들이 귀 기울여 들어야 한다.

스마트폰을 사 주세요

내가 중1이 되면 어머니, 아버지가 스마트폰을 사 줬으면 좋겠다. 내가 스마트폰에 빠질까 봐 안 사 주는 것 같은데 안 그럴 거다. 이런 식으로 참다가 고등학교든 어른이 돼서 사면 갑자기 목줄이 탁 풀린 것처럼 어찌하기 힘들 것 같다. 그리고 인터넷 돼서 좋지 않을 것을 알게 될까 봐 그런 것 같기도 한데 이것도 PC방 가면 다 풀릴 것 같다. 그리고 전화기가 전화만 되면 되는 거라고 했는데, 어머니 아버지는 일 때문에 스마트폰 쓴다. 그러면 나는 친구들과 어울리기 위해 스마트폰을 쓰고 싶다. 같이 게임도 하고 좋은 노래도 같이 들어 보고 웃긴 건 페이스북이나 카카오스토리에 올려 같이 웃고 싶다. 맑은 샘 7기 동기방을 만들어 보고 지혜학교 동기방 만들어 같이 카카오톡 하고 사진이나 동영상 공유하고 싶다. 영화도 다운받아 보고 요즘 스마트폰이 좋으니 멋진 풍경을 찍어서 바로 친구들에게 보여 주고 싶다. 그리고 스마트폰이 없으면 채은이 누나처럼 친구들에게 따돌림을 당할 수도 있다. 대안학교라고 그런 게 없는 것도 아니다. 그리고 지혜학교에 가면 일주일에 한 번 정도밖에 쓰지도 못한다. 그리고 내가 축구장을 앞에 두고 스마트폰 갖고 놀 애도 아니다. 나도 다른 아이들처럼 카카오톡, 페이스북, 카카오스토리도 하고 싶다. 유행도 타 보고 싶다. 그리고 절대!!!!! 스마트폰의 종이 되지 않을 테니까 제발 스마트폰 사 줬으면 좋겠다. (6학년)

똑똑전화('스마트폰'의 순화말-편집자 주)를 간절히 바라고 마음대로 쓰고 싶다는 어린이 바람이 참 절실하다. 보통 많은 대안학교 어린이들은 손전화를 쓰지 않는 것을 규칙으로 하고, 청소년 과정에서도 손전화 쓰는 규칙이 있어 마음대로 쓸 수가 없다. 그런데 날마다 손전화와 컴퓨터를 쓰는 어른들을 보며 자란 어린이들에게는 가장 갖고 싶은 게 손전화일 수밖에 없다.

손전화뿐만 아니라 인터넷과 전자매체에 대해서는 어린이들과 충분한 이야기를 나눠야 한다. 우리 아이들은 자기주장을 참 잘한다. 선생님과 부모님 생각은 알지만, 그래도 쓰는 재미를 알았으니 막으면 싫다는 이야기다. 그렇다. 재미있는 장난감이 생겼으니 늘 하고 싶은 마음을 어찌 막겠는가. 날마다 컴퓨터와 손전화로 뭔가를 하는 교사와 부모들을 보면서 자라고 있으니 우리도 쓸 자유가 있다고 말하는 것이다. 그러니 학교에서는 컴퓨터와 미디어를 주제로 알맞은 교육 꼭지를 잡아 어린이들과 함께 공부하고, 또한 어린이들이 주장하는 마음을 충분히 공감하고 함께 애쓸 것을 찾아야 한다.

뭐든지 빠르게 받아들이는 어린이들과 소박하고 정직한 어린이 마음을 가꾸며 지켜 가기가 갈수록 힘든 세상이다. 텔레비전을 켜기만 하면 뭘 사라는 광고

가 쏟아져 나오고, 전자편지에는 날마다 못된 사진과
몹쓸 글이 담긴 스팸메일이 날아오니 갈수록 어른들
의 못된 문화가 주인으로 함께 살려는 어린이 삶을 해
치고 왜곡시킨다. 부모와 교사가 애써서 막고 있는 게
임기, 휴대폰, 인터넷도 늘 우리 어린이들을 유혹한다.
사고 싶은 것도 많고 컴퓨터 놀이를 실컷 하고 싶고,
휴대폰과 게임기를 갖고 싶은 게 요즘 아이들이다. 정
말 조금의 틈을 놓치지 않고 어린이들은 빠르게 흡수
해 문화로 만들어 버린다. 또 자기가 하는 일들을 내보
이고 싶어 하는 어린이들인지라 금세 다른 어린이에
게 영향을 주며 문화로 만들어 버리니, 어린이 삶을 놓
고 깊이 생각해야 할 공동체 식구들과 어른들의 몫이
정말 크다. 한두 어린이의 문제가 아닌 모두가 가꿔야
할 어린이 문화의 문제이며 온 식구들이 함께 일관된
태도로 다가서야 한다. 늘 경계와 알맞음이 문제다.

어머니, 아버지, OOO 선생님 잔소리는
너무 많이 하지 마세요

어머니, 아버지, OOO 선생님 제발 잔소리만 하지 마
세요!!! 저도 이제 사춘기가 와서 그런지 자꾸 짜증나

는데 왜 자꾸 그때 잔소리를 해요? 부드럽게 말할 수
없어요? 어머니, 아버지, ○○○ 선생님도 잔소리해야
할 때도 있겠지만 이건 너무 심하잖아요!!! 어머니,
내가 뭐 할 때 이거 해라 저거 해라. 내가 무슨 노예인
줄 아세요!!! 아버지, 동무들이랑 놀고 싶은데 못 놀
게 할 때가 많은데 그만 좀 하시고 애들 앞이나 어디
서든 너무 큰 소리로 혼내지 마세요. 자꾸 그러니까
짜증나는 거예요. (6학년)

　잔소리를 듣기 좋아하는 사람은 없다. 부모와 선생
처지에서는 아이 성장에 꼭 필요한 도움말이겠지만
듣는 사람 처지에서는 잔소리일 수 있다. 잔소리와 도
움말의 차이는 자꾸 해서 또 그 소리 같은 익숙한 반
복에 있다. 듣는 사람에게는 한 번 하면 될 말을 자꾸
하면 아무리 좋은 말이라도 도움말이 아니다. 물론 한
번 해서 안 되니 자꾸 하는 것이다. 그런 면에서 보면
잔소리를 듣고 자라는 게 진짜 교육일지도 모른다. 사
랑하니 자꾸 보이고, 사랑해서 함께 사니 자꾸 들려주
는 거다. 그런데도 잔소리와 진지한 도움말의 경계를
알면 슬기로운 어른이 될 수 있다. 보통 그 경계는 존

중하는 태도, 다시 말해 진심이 담긴 말투와 눈빛에 달려 있다.

믿음의 글 - 굳건히 믿어 주면 솔직하다

정직한 글은 자신에게 부끄럽지 않은 마음을 내보인다. 살아가며 맺어 가는 관계에서 많은 일이 일어나고 쏟아지는 아이들 삶이니, 아이들의 글은 가족과 학교에 관한 내용이 많다. 학원이 큰 부분이라면 당연히 학원을 주제로 글을 쓸 수밖에 없다. 공간과 소속된 곳에서 만나는 삶이 그대로 글감이 되는 것이라서, 글은 둘레를 모두 그대로 보여 주게 된다. 어린이일수록 다른 사람을 의식하지 않고 솔직하고 정직하게 자신의 감정을 있는 그대로 드러내게 마련이고, 덕분에 부모와 가족의 일상이 공개되기도 한다. 또 학교에서는 교사와 동무들에게 하고 싶은 이야기가 많다. 그러니 삶을 쓰는 글은 굳건한 믿음이 있을 때 쓸 수 있다. 아이가 쓴 글을 보고 마음이 아플 수 있고 부끄러울 수도 있지만 그것이 스스로 마음을 살찌우는 글쓰기인지 솔직하고 정직한 마음을 내보이는 것인지를 자세히 살피는 게 먼저지, 야단을 치고 그런 글을 쓰면 안 된다고 말한다면 다음부터는 정직하고 솔직한 글을 기대하기 어렵다. 내가 어떤 말을 해도 들어 주고 나를 신뢰하는 가족과 학교가 있기에 아이들은 안정된 품에서 살아가며 성장한다. 어떤 말도 할 수 있는 분위기는 굳건한 믿음 속에서 나오고, 학교와 가족의 문화 속에 있다. 아이들이 쓴 글에서 아이들의 마음을 읽고 어른의 삶을 성찰할 수 있다. 그래서 아이들과 함께 살아가는 사람에게는 아이들이 스승일 수밖에 없다.

물론 내가 쓴 글 때문에 누군가 상처받고 아파할 수가 있다면 모두에게 공개해서는 안 된다. 글이 다른 사람을 공격하는 무기가 될 수 있다는 것 또한 교육 속에 담아야 한다. 내 마음을 정직하게 들여다보고 솔직하게 드러내는 것과 구분하여, 다른 사람을 비난하고 상처를 주는 데 목적이 있는 말과 글은 어느 곳에서든 조심할 일이다. 또한, 사람은 자기에게 이롭게, 자신을 세계의 중심에 놓고 말하고 글을 쓰는 습성이 있으니 아이들의 글은 더더욱 둘레와 맥락, 맺는 관계와 타고난 성정, 사실과 진실을 살펴야 한다.

어머니

어머니는 너무 게으르다. 청소할 때만 하고, 이상한 곳만 청소한다. 그리고 어머니가 가장 많이 쓰시는 부엌은 설거지를 쌓아 놓고 다닌다. 그리고 그건 거의 내가 한다. 어머니가 좀 부지런해졌으면 좋겠다. (5학년)

어머니의 휴식 시간

어머니는 설거지도 다 하고 밥 짓기도 혼자 다 한다. 맨날 빨래도 혼자 한다. 어머니가 불쌍하다. (3학년)

어머니, 아버지에게 쓰는 글이 많은 것은 사랑하기 때문이다. 커서는 동무와 선후배를 찾지, 부모를 찾지 않는다. 그런데 어머니가 게으르다는 글을 보고 아이 어머니는 어땠을까. 실제 아이 어머니는 정말 부지런하고 청소를 잘하는 분이다. 그래서 어린이가 쓴 글은 앞뒤 사정과 맥락, 처지를 살펴서 봐야 한다. 사실과 진실은 다를 때가 있다. 그런데 중요한 것은 어머니에 대한 글을 읽고 어머니가 아이를 혼낸다면 아이는 다시는 정직하게 글을 쓰지 않을 것이다. 처지와 까닭을 살피지 않고 쓴 글이라도 어린이에게 자세하게 설명하는 것으로 그치고, 야단치거나 꾸중해서는 안 된다. 굳건한 믿음이 있을 때 나올 수 있는 글은 안정된 글쓰기 환경과도 관련이 있다. 삶을 쓰는 게 글이니 삶을 가꾸는 좋은 글을 놓고 이야기를 나누는 것만으로도 충분하다. 가정에서 숨어 있는 교육과정은 부모의 태도와 가족 문화일 것이다.

〈어머니의 휴식 시간〉은 끝내 가족의 집안일 나누기와 어머니 처지를 공감하는 눈길로 행복한 가족문화를 가꾸면 좋지 않을까.

주장

내 주장은 아버지가 나랑 안 놀아서다. 나는 아버지가 나랑 별로 안 놀아 준 거 같은데 아버지는 많이 놀아 줬다고 한다. 나는 아버지랑 놀고 싶다. 공 주고받기 놀이, 레고 놀이, 같이 놀러 가기 많이 있다. 어머니도 주장할 거 있다. 사실은 어머니랑 아버지랑 꼭 지켜야 할 것이다. 어머니랑 아버지랑 안 싸웠으면 좋겠다. 어머니랑 아버지랑 싸우면 너무 무섭다. 그 소리가 우주 끝까지 들릴 거 같다. 바로 그게 나의 주장이다. (3학년)

말

1. 엄마 아빠 간에 오가는 말은 굉장히 험한 말 같다. 말싸움할 때 자기가 좀 더 양보해서 착한 말을 쓰면 되지만 엄마, 아빠는 그냥 말을 막 한다. 상대방에게 피해가 주는 말을 하고 나서 덧붙인다. 얄밉다.

2. 어머니가 말하는 '이따가'는 '이따가'가 아니다. 오늘 안에 되는 일도 있지만, 내일, 한 달 뒤 생일 때가 되는 날도 있다. 짜증난다. (3학년)

아이들은 이 세상에서 가장 사랑하는 부모에게도 삶이 있다는 걸 이해하는 데 시간이 걸린다. 아이가 자라면서 가장 슬플 때가 부모가 싸울 때일 것이다. 아이들이 가장 많이 놀고 싶은 사람이 부모라는 걸 알지만, 가족의 생계를 위해 그러지 못할 때가 있는 게 어른들의 삶이다. 어린이가 정직하게 쓴 글을 보고 부모와 선생은 성찰한다. 어머니와 아버지의 사생활에 가까운 글까지도 정직하게 쓸 수 있는 어린이에게는 어떤 글을 쓰더라도 뭐라 하지 않는 어른이 있다.

낮은 학년의 정직한 글쓰기는 높은 학년이 되면 바뀐다. 다른 사람들의 눈길이 눈에 들어올 나이가 되면 누군가 자신이 쓴 글을 읽는다는 것을 의식하게 되고, 쓰면 안 될 것 같은 글은 쓰지 않게 된다. 그러니 어른들의 삶을 있는 그대로 써서 누군가에게 부끄럽고 창피한 마음이 들더라도, 어린이의 정직한 마음을 가꾸고 마음껏 표현할 수 있도록 돕고 어른들의 삶을 성찰하는 기회로 삼는다면, 그것이 바로 삶을 가꾸는 글쓰기 교육이라 믿는다.

○○○ 선생님

선생님은 선생님이라고 자기 마음대로 하는 것 같다. 오늘도 비석치기를 하는데 기억은 안 나는데 우리 편 한 명이 비석을 던졌는데 처음에 규칙도 안 정했으면서 비석이 벽에 맞고 비석이 넘어졌는데 선생님은 벽에 맞은 건 아니라고 하니까 우리가 이렇게 말했다. "처음에 규칙도 안 정했잖아요." 그러니까 선생님이 줄곧 아니라고 얘기하니까 화가 머리끝까지 났다. 이렇게 생각했다. 선생님이니까 "이것 잘못 썼어. 다시 써." 그러면 다시 쓰고 만약에 내가 선생님보다 더 높은 사람이었다면 선생님도 내 말을 들었을 거다. (3학년)

우리 학교 선생님

난 선생님들이 바뀌었으면 좋겠다. 한 사람씩 따져 본다면 000 선생님은 이명박 같다. 애들과 문제가 터지면 거의 자기 의견, 자기 생각만 말하고 우리말은 듣지를 않는다. 한 보기로는 학교에서 청소 중인데 2학년 몇 사람이 나한테 목 조르고, 등에 타고 꼬집어서 다 떼어 내는데 말로 안 돼서 약간 힘으로 해결했는데 갑자기 000 선생님이 눈을 부라리더니 "야! 000!" 하면서 막 혼내고, 내가 해명하려 해도 듣지는 않고 끝까지 "네가 형이니까 잘못했어." "어쨌든 재들은 아직 어리잖아." 하면서 내 말은 안 들어 준다. 물론 나도 잘못했지만 좀 그렇다. 그런데 또 내가 억울하다고 하면 선생님이 와서 "네가 멋대로 행동하니까 재들이 저러는 거 아냐!" 이러고, 나는 할 말이 없고 솔직히 내가 또 뭐라고 하면 줄곧 같은 말만 선생님은 하고 나는 선생님이랑 따로 얘기하고 보통 다 이렇다. 생쥐를 전쟁 로봇이 전자레인지로 몰고 가는 것 같다. 거기다가 우리 학교는 맨날 자유, 자유 하는데 숙제만 적을 뿐 "이건 안 돼.", "저것도 안 돼."라고 선생님은 그러고, 하라는 건 안 하면 안 된다. 자유는 무슨 더불어 살기는 무슨, 얘기도 안 되는데. 거기다 선생님이 맨날 학생의 답변에 반박뿐, 우리가 원치 않는 것도 교사회의로 끝. 어린이회의는 무슨, 교사 여섯 분이 모여서 다 정하는데 어린이회의는 학교 일정에 관여할 수도 없다. 또 이 글을 보면 선생님들이 "이건 자유가 아니고 방종이야." 이러는데 때로는 방종도 존재해야 하고 이런 자유만 있다면 이건 자유가 아니다. 이 글 보면 또, 또, 또 "니가 일반학교에 가 봤냐? 이 정도면 자유야." 이럴 것이다. OOO 선생님만 얘기하려다 얘기가 커져 버렸지만 난 이렇게 생각한다. (6학년)

부모와 선생만큼 어린이 삶에 크게 영향을 주는 사람이 있을까? 돌봄과 교육은 같이 간다. 그래서 부모와 선생은 아이들에게 큰 무게로 다가간다. 학교에서는 날마다 새로운 세계가 창조된다. 그 중심에 선생이 있다. 어쩌면 선생은 학교에서 가장 큰 발언권과 영향력을 지닌 사람일지 모른다. 어린이들의 글처럼 놀이와 생활에서 일어나는 수많은 일 가운데 선생에게 억울한 일이 왜 생기지 않겠는가. 아이들 처지에서 보면 억울한 일이 생길 때마다 선생님들이 바뀌었으면 좋겠고, 선생님이라고 마음대로 하는 것처럼 보일 수 있다. 실제로 위에 나오는 선생님들은 아이들을 사랑하는 마음이 넘치고 뭐든지 아이들 편에서 생각하는 분들이다. 아이들을 두루 살펴 이야기를 나누자면 어떤 어린이에게는 그게 자신의 말을 귀 기울여 듣지 않는 것처럼 보일 수 있는 법이다. 그러나 억울하다고 말하는 아이들의 마음에 공감하는 게 삶을 가꾸는 글쓰기 교육이다. 아이들 말을 귀 기울여 듣기 위해 글쓰기를 하는 것이고, 맺힌 것이 없도록 날마다 표현하도록 돕는 것이 삶을 가꾸는 글쓰기이다.

가치 있는 글 - 땀 흘려 일하는 삶을 가꾼다

가치 있는 글쓰기란 도시 속 자본주의 소비사회에 사는 우리 아이들에게 함께 사는 아름다움과 모든 생명을 사랑하고 땀 흘려 일하는 삶을 귀하게 가꾸는 일이다. 읽는 사람이 감동을 느낄 수 있고 모두에게 권할 만한 이야기와 삶이 있는 글이 가치 있는 글이다. 그런데 자세히 보고 겪은 일을 있는 그대로 쓰는 힘이 드러나는 글쓰기더라도 누구나 공감하고 감동할 수 있는 글로 연결되는 것은 아니다. 개미나 잠자리 같은 곤충과 땅속 벌레를 장난삼아 괴롭히고 논 경험을 자세히 쓴 글은 권장할 수는 없다. 생명, 평화, 노동, 민주, 존중과 배려, 공존 같은 인류가 오랜 역사에서 쌓아 온 소중한 가치가 담겨 있고 살아나는 글쓰기로 아이들 삶을 가꿔야 한다. 가치 있는 글은 감동을 주는 글쓰기의 힘을 살려 세상을 이롭게 하고 함께 살아가는 나침반으로 다가갈 수 있다.

쌀 한 톨

오늘 저녁밥 먹을 때 내가 어머니한테 1년에 밥 한 톨 나냐고 물었다. 근데 어머니가 그렇다고 했다. 우린 할머니가 쌀 준다. 그래서 택배비만 내면 된다. 우린 정성껏 먹고 흘리지 않을 거다. 그리고 할머니가 쌀 보내 줘서 고맙다. 남김없이 먹을 거고 정말 고맙다. (1학년)

아직은 시골 부모님이 보내 준 쌀과 농산물을 받는 도시 사람들이 있다. 아마 농사를 짓는 어른들이 모두 돌아가시고 나면 그게 얼마나 귀한 것인지 깨달을지 모른다. 도시에 사는 아이들에게 쌀과 반찬은 사면 되는 것이다. 땀 흘려 일하는 농부들을 볼 기회가 거의 없기 때문이다. 논, 밭, 농장에서 하늘과 땅, 사람의 기운과 정성이 얼마나 들어가야 얻는 줄 모르고, 단지 큰 시장이나 동네 가게에 가면 뭐든지 살 수 있고 언제든지 구할 수 있는 줄 안다. 그래서 생명을 살리는 먹을거리 교육은 갈수록 어렵다. 소비가 미덕이라고 가르치는 풍요로운 세상에서 할머니가 보내 준 쌀 한 톨의 고마움을 아는 마음은 정말 고맙고 귀하다.

걸레 빨기

1. 물에 담가서 2. 한 번 짜서 3. 반으로 접어서 4. 비누로 문지른다. 5. 그리고 다시 한 번 짠다. 6. 그리고 물로 비누를 씻는다. 7. 그리고 탁탁 털어서 8. 건조대에 넌다. (1학년)

자기 앞가림은 사람이 제 삶의 주인으로 살아가는 데 바탕이다. 세탁기와 건조기가 필수인 세상에서 빨래가 학교에서 가르치고 익혀야 할 공부인지 물을 수 있겠다. 기계가 사람의 노동을 대신하는 세상이라도 사람이 할 몫은 있다. 세탁기와 건조기에 넣고 빼서 말리거나 정리하는 것은 아직은 사람이 한다. 언젠가 더 좋은 기계가 나온다고 할지라도 사람이 할 일은 있다는 거다.

걸레질, 빨래, 청소를 가르치는 생활 교육은 가정의 영역으로 봐 온 예전과 달리 오히려 학교에서 가르치고 익혀야 할 교육이 되었다. 물론 식구들이 집안일을 나눠서 하는 가정 문화가 있는 집도 있다. 자기 앞가림을 스스로 하도록 가르치는 교육은 사람이 주인으로 살아가는 큰 힘이 되고, 도시 아이들에게 늘 할 수 있는 일놀이이자 평등을 가르치며 온몸을 쓰게 하는 교육이라 믿는다. 그래서 아주 어렸을 때부터 가르치고 버릇이 되도록 도와야 한다.

하지 말라는 거 하지 말자!

하지 말라는 건 하지 말아야 한다. 위험한 걸 하지 말라고 했는데 위험한 걸 줄곧 하면 다칠 수도 있고 하지 말라고 했는데 줄곧 해서 화가 나면 싸움이 일어날 수도 있고, 싸움이 일어나면 몸을 써서 다른 사람을 아프게 할 수 있고 다른 사람한테 상처 주는 말을 해서 속상하게 만들 수도 있으니까? (3학년)

아이들 세상에서는 하지 말라는데도 자꾸 하는 경우가 있어 싸움이 일어나거나 끝내 회의에 부쳐지는 때가 많다. 어른이나 어린이나 다른 사람이 하지 말라는 것을 하지 않으면 싸울 일이 없다. 옳은 일을 하지 말라는 게 아니고, 다른 사람에게 피해를 주거나 아프게 하는 말과 행동을 하지 않는 게 함께 살기다.

두 갈래로 나뉜 개울

개울이 나뉘어도 똑같은 개울이다. 무언가에 의해 두 갈래가 서로 다르다 해도 같은 개울이다. 사람도 그렇다. 여자와 남자는 다를 것 하나 없다. 다 같은 사람이고, 모두에게 차별받지 않을 권리가 있다. 예전과는 다르게 모두가 평등하게 당당히 다닐 권리가 있다. '남자는 이래야지~', '여자는 이래야지~' 하는 편견을 버리고 모두가 같은 '사람'이라는 생각으로 '조금씩 나아가는 것, 이것이 내 머릿속의 '성평등'이다. (4학년)

성평등은 인권이다. 차이와 차별, 같음과 다름을 인정하는 것만큼 함께 살기에서 중요한 것은 없다. 만약 아이들에게 성에 대한 고정관념과 편견, 왜곡된 성평등 의식이 발견된다면 그것은 대체로 아이들과 가까운 어른들의 문화와 대중매체 탓이 크다. 아이들은 모방하며 자란다. 다시 말해 아이는 어른을 따라 배운다. 가정과 학교, 사회에서 성평등 문화가 자리 잡혀 있다면 아이들 성평등 교육은 저절로 된다. 학교에서는 때마다 《좋아서 만졌는데 왜》, 《치마를 입어야지, 아멜리아 블루머!》를 읽으면서 남자와 여자의 차별에 대한 생각을 말과 글쓰기로 이어 간다. 《다름, 다르지만 같은 우리》를 읽고 세계의 다른 문화를 이해하고 존중해야 하듯이 우리 안에서도 서로의 다름을 이해하고 존중하자는 이야기가 자연스럽다. 《나의 간디 이야기》를 함께 읽고 평등의 뜻과 학교에서 실천할 평등에 대해 이야기하고, 《평등한 나라》를 읽고 성에 따른 편견과 차별, 성평등에 관한 이야기를 꺼내 학교에서 함께 살기를 실천한다.

어금니동부

어금니동부를 심었다. 심는 건 재미있었다. 하늘의 기운, 땅의 기운, 나의 기운도 어금니동부에게 준 것 같다.

(2학년)

대포

팥을 따는데, 손가락으로 잡자마자 팥이 대포같이 튀어 나간다. 아깝다. (1학년)

자랑스러운 내 손

텃밭에 갔다. 풀을 뽑는데, 호미로 뽑으니까 잘 안 뽑힌다. 하지만 나한테 좋은 생각이 있지. 음하- 내 손으로 하는 거다. 역시 내 손으로 하니까 쑥쑥 잘 뽑힌다. 자랑스러운 내 손. (2학년)

개미와 나

모종을 심으려고 땅을 파니 개미가 와르르르. "으악! 사람이다." 고함치며 숨는다. 나도 깜짝 "으악! 개미다." 고함치며 물러난다. (5학년)

소비의 시대, 자본의 논리가 교육 언어로 뒤바뀌어 사람들의 혼을 빼놓는 때에 생산하는 삶, 땀 흘리는 일의 가치를 말하는 텃밭농사교육은 어떤 뜻을 지닐까? 세계화 4.0, 제4차 산업혁명을 말하며 코딩이 미래교육의 전부인 것처럼 말하는 때, 기계가 인간의 노동을 대신하니 인간의 땀 흘리는 노동이 사라진다고 말하는 때에 텃밭농사교육은 어떤 의미를 지닐까? 텃밭농사교육은 시대에 뒤떨어진 옛날 교육방식으로 사라져야 할까?

농사를 지어 보면 아는 게 있다. 사람의 힘만으로 농사를 짓는다고 생각하지 않게 되는 거다. 농사는 하늘, 땅, 사람이 어우러져야 한다. 철마다 날씨를 살피고 채비하고 갈무리해야 하기도 하지만 하늘이 돕지 않는다면 그것도 허사다. 더욱이 기후위기 시대에는 더 그렇다. 땅심을 높이기 위해 애쓰는 것도 마찬가지다. 화학농업·기계농업을 하지 않더라도 돌려심기와 거름은 농사의 바탕이다. 사람 발소리를 듣고 농작물이 자란다고 하지 않았던가. 그만큼 정성과 땀이 들어가야 밥상에 올릴 농산물이 나온다. 어금니동부를 심으며 선생이 들려준 하늘, 땅, 사람의 기운 이야기를 기억해 준 어린이 농부가 고맙기만 하다.

텃밭은 배움터요 놀이터다. 사람은 자연의 흐름으로 살아가야 건강하다. 그것이 인간의 본성이다. 하늘과 땅, 사람이 함께 짓는 게 농사다. 그래서 도시 속 작은 학교에서는 텃밭이 소중한 배움터이자 놀이터다. 텃밭 농사를 되돌아보면 아이들과 땀 흘렸던 날들이 그림처럼 떠오른다. 아이들에게는 일이 놀이요 놀이가 교육이다. 주마다 한 번 큰 공부로 학교 모든 어린이가 반나절을 텃밭에서 일하며 논다. 모둠마다 텃밭에 갈 때도 있다. 그러다 보면 저절로 자연(생태) 교육, 생명 교육, 몸놀이 교육이 된다. 놀다가 일하며 겪은 것들은 모두 글이나 그림으로 표현되고, 일하며 놀 줄 아는 어린이 삶을 가꾼다. 텃밭에서 계절의 변화를 알아 가며 힘을 합쳐 땀 흘려 일하며 교과통합이 일어난다. 텃밭에서 과학도 하고 수학도 한다. 텃밭에 가면 우리와 함께 살아가는 수많은 곤충과 벌레가 있다. 어린이들에게는 호기심과 관찰의 천국인 셈이다. 더욱이 벌과 벌레가 열매를 만들어 내는 경이로움을 날마다 보고, 놀라움이 빚어낸 결과물이 학교 밥상 위에 오르니 말해 무엇 하랴.

텃밭에는 말과 글이 있다. 텃밭 일을 해 본 어린이만이 담을 수 있는 감성이 있고 글이 있다. 김매고, 검은 어금니동부를 까고, 팥을 따 본 어린이는 그때 필요한 언어를 살려 쓴다. 오이와 가지를 딸 때 까끌까끌한 느낌과 배추 묶어 주기를 할 때 느낌을 책으로

만 어찌 알 수 있겠는가. 순치기를 해야 토마토가 튼튼하게 크게 자라고, 북주기로 뿌리 식물의 성장을 확인할 수 있다. 겪어 보지 않으면 그 낱말의 참맛을 알 수 없다. 그러니 텃밭은 말과 글을 복원시키고 살리게 하는 셈이다. 수확한다는 말 대신에 부추를 자르고, 배추를 뽑고, 상추를 뜯고, 땅콩을 캐고, 옥수수를 따는 표현은 언어를 풍부하게 쓸 수 있도록 돕고 언어 발달이 뇌 발달로 이어지게 함을 알게 한다.

힘을 합쳐 일하면 금세 일이 끝나고 함께 노래를 부르고 함께 맛있는 새참을 먹으며 웃고 놀면서 배우는 건 무엇일까. 자신을 스스로 자라게 하며 일하는 기쁨을 맛본다. 생산하는 삶을 실천한다. 생명을 살리는 먹을거리 교육이 이루어진다. 생명의 귀함을 배운다. 땅속 생물부터 식물에 기생하는 곤충과 벌레를 자연스레 만난다. 협력의 가치를 배운다. 아주 작은 땅이라도 함께 일하는 즐거움은 두 배가 된다. 더 넓은 땅은 말해 무엇 하랴.

더 크게는 텃밭 농사는 기후위기 시대, 지구를 살리는 삶의 기술이다. 멀리 쿠바 도시 농업을 떠올릴 필요도 없다. 대도시 어느 곳을 가더라도 옥상이나 골목

곳곳에 땅이 있는 곳이라면, 땅이 없으면 화분을 놓고 서라도 사람들은 뭔가를 심고 가꾸어 먹는다. 큰 가게에 가서 돈을 주고 사면 그만이라는 소비가 지배하는 세상에서 땅을 만지고 스스로 뭔가를 가꾸고 제 먹을거리를 생산하는 욕구는 훨씬 더 큰 선물을 받는다. 텃밭에 가면 땅과 바람과 하늘과 교감할 수 있고 순수하고 정직한 땀의 세상 속에서 명상과 정직을 그대로 경험할 수 있다. 순환농, 퍼머컬쳐가 기후위기 시대에 다시 주목받는 지금, 텃밭은 그 시작이 되기에 충분하다. 함께 미생물을 키우고, 땅 힘을 기르고, 식물을 길러 나누며, 함께 관계를 회복하는 전환이야말로 텃밭이 주는 큰 선물이다.

내가 실천할 지구 살리기

오늘 어린이가 지구 어쩌고를 했는데, 내가 할 수 있는 게 몇 가지 있었다. 장바구니 쓰기, 동물 키우기, 식물 기르기, 일회용품 안 쓰기, 부채질, 손빨래(작은 것들만), 안 쓰는 콘센트 뽑기, 아무도 없는 방 불 끄기, 물 아껴 쓰기, 재활용하기, 분리수거하기, 청소기 안 쓰기, 냉장고 문 열었다 닫았다 안 하기, 음식물 남기지 않기, 아나

바다 실천하기, 세제 조금만 쓰기, 전동칫솔 안 쓰기, 대중교통이나 자전거 타기나 걷기, 고기 되도록 안 먹기, 보일러 때에 맞게 맞추기, 이불이나 담요 사용하기처럼 내가 할 수 있는 건 많은 것 같다. 겨울방학에도 실천해야지! (5학년)

  기후위기 시대, 전환은 지구의 앞날과 지속 가능성, 인류 생존의 문제이다. 마을과 교육에서도 전환을 담기 시작하고 있다. 국가와 큰 조직이 에너지 자립과 지역 먹을거리, 지속 가능성을 열어 주기를 기다리는 데 그치지 않고, 먼저 깨닫고 도시 안의 사람들 관계 회복과 공동체성 회복이 지속 가능한 에너지라는 것을 널리 알리고 실천하는 전환마을운동, 전환을 교육으로 끌어들여 교육의 생태적 전환을 말하는 전환교육운동은 인류의 지속 가능한 삶을 묻는 절실한 삶의 전환을 말한다. 그렇기에 곳곳에서 마을공동체를 말하고 마을교육공동체를 꿈꾸기도 한다. 사실 진작부터 인류의 지속 가능성은 문제 제기되어 왔으나 대량생산과 대량소비로 지구의 자원을 모조리 고갈시켜 가며 후대에 물려줄 유산을 남김없이 쓰고 있는 우리의 삶은 변하지 않았다. 후쿠시마 원자력발전소 폭발 사고로 생명의 바다가 죽어 가고 있는데 인류는 속수무책이다. 감당할 수 없는 일이 일어나는 것이다. 이러한 때 교육은 무엇을 담아야 하느냐는 물음 속에 교육의 생태적 전환은 무겁게 다가왔다. 그러나 꿈과 희망을 말하는 게 교육 아니던가. 이오덕 선생은 교육이란 몸과 마음이 건강하게 키워 가는 일이라 했다. 자연 속에서 일하고 노는 학생들은 건강하다. 삶의 기술은 소비하는 삶보다 생산하는 삶을 지향한다. 삶의 기술을 익히는 과정은 뇌의 조화로운 발달을 돕는 인류 역사에서 오랫동안 검증된 교육방법이기도 하다. 손을 놀리고 몸을 놀려 삶의 기술을 습득하는 것은 땀과 정성을 배우고, 자연의 시간을 배우고, 느림의 미학을 깨닫게 한다. 계절의 바뀜에 따라 자연이 주는 선물을 고맙게 받고, 땀 흘려 일해 스스로 먹을거리와 쓸 도구를 만들어 가는 작은 활동이 모여 자연을 닮은 감성이 쌓이고 생산의 버릇이 밴다. 그러니 학교는 일과 놀이 학교이자 맛있는 학교, 생산하는 학교로 자연과 함께 사람과 함께 행복한 삶을 가꾸어 가는 즐거운 배움터여야 한다. 더욱이 생산자로 살아가는 삶에 선생들이 도움이 되도록 앞으로 뒤로 챙길 게 많으니 학생들의 삶을 삶의 기술로 가꾸며 교사 또한 자란다.

학교에서 기후위기 시대를 살아가야 할 아이들과 함께 나누는 독서활동은 정말 많다. 《어린이가 지구를 구하는 50가지 방법》,《내가 조금 불편하면 세상이 초록이 돼요》,《코끼리와 숲과 감자칩》,《최열 아저씨의 지구촌 환경 이야기》,《플라스틱 섬》과 같은 환경 책을 읽고 무엇을 할까 의논을 하고 삶에서 실천한다. 무심코 쓰고 버리는 플라스틱이 얼마나 많은지, 그로 인해 지구가 얼마나 병들어 가는지도 배우고,《쓰레기가 쌓이고 쌓이면……》,《고릴라는 핸드폰을 미워해》,《투발루에게 수영을 가르칠 걸 그랬어!》,《풀친구》를 읽으며 자연과 함께 사는 공부를 한 뒤 소프넛 열매 비누를 만들고, 헌 옷 가방을 만드는 것이다. 장터를 열기 앞서《저금할까, 쓸까, 기부할까?》라는 책을 읽고,《무지개 욕심 괴물》,《쓸모 있는 자원 쓰레기》를 읽고 마을 쓰레기를 줍거나 집에서 재활용품을 찾아내 분류해 고물상을 간다.《지구인의 도시 사용법》,《탈핵으로 그려 보는 에너지의 미래》,《석탄

Factsheet》,《내가 먹는 것이 바로 나》,《지구를 구하는 실천》을 함께 읽으며 지속 가능한 삶을 위해 지구인으로 어떻게 살아가는 것이 좋을지 고민하며, 어린이들과 4년에 걸쳐 고물상 가서 번 돈을 모아 빗물저금통과 햇빛발전기를 설치했다. 당연히 빗물과 햇빛에너지 관련 책을 찾는다.《우리나라가 100명의 마을이라면》을 읽고 그래프로 인구 밀도 나타내기, 지도에 인구 분포 표시하기, 핵발전소 지도 만들기, 노래 만들기 같은 일놀이와 책 읽기 활동으로 자연과 함께 살아가고 있다.

차별

차별은 나쁜 거라고 생각하지만
나도 좋아하는 사람한테 잘해 주고
싫어하는 사람에겐 차갑게 대하기도 한다.
차별은 아예 안 하기도 힘들다.
내 감정은 쉽게 변하지 않는다.
그저 노력을 해 볼 뿐이지.
차별 없는 세상이 생기려면
좀 오래 걸리겠다. (6학년)

차이와 차별을 구별하고, 같음과 다름을 인정하며 살아가기는 참 어려운 일이다. 당연히 좋아하는 사람에게 잘해 주고, 싫어하는 사람에게 차갑게 대하는 것은 자연스러운 감정이다. 차별은 같음과 다름을 인정하지 못하고 누군가에게 상처를 준다. 자본주의 사회에 살고 있는 우리는 많은 차별을 마주하고 있다. 임금 차별, 지역 차별, 학력 차별, 성차별, 계급 차별, 빈부 차별, 외모 차별, 수많은 차별은 끝내 인권과 평등의 문제이다. 차별 없는 세상을 위해 다 함께 애쓰지만 좀 오래 걸리겠다며 어린이가 알아차리는 세상은 슬프다. 함께 살면서 느끼는 관계 차별의 감정이 아닌 차별이 구조화되어 있는 세상을 들여다보고 절망할까 봐 마음 아프다. 차별 없는 세상을 만들 몫이 어른들에게 있다.

우리

내가 생각하는 우리는 너다. 이 세상에 존재하는 우리는 모두 너인 것이다. 왜냐면 나와 네가 있어야 우리가 생길 수 있으니. 우리는 결국 너다. 68억 명의 네가 있다. 우리 학교에는 51명의 네가 있다. 저번에 선생님이

이 세상에서는 혼자 살 수 없다고 했다. 결국 네가 있어야 우리가 생기니 이 세상에 있는 모두에게 고맙다. (5학년)

너와 내가 우리이고, 그래서 이 세상에 있는 모두가 고맙다는 함께 살기 철학이 담긴 글을 보며 우리 삶을 되돌아보게 된다. 날마다 구체로 겪는 일을 자세히 쓰는 단계를 지나고, 책 읽기로 생각이 깊어지면 추상과 성찰의 힘이 담긴 글을 만날 수 있다. 혼자 사는 세상이 아니기에 서로를 소중하게 여기는 '우리'라는 관점이 필요하다는 걸 경험에서 들려주었다. 우리는 그리 살고 있는가.

함께 살기

우리는 자연속학교에 와 있다.
집에 있었다면
내 마음대로 하면서
편하게 지내고 있을 거다.
하지만 자연속학교에서는
그럴 수 없다.

서로 배려하고

불편하더라도

조금은 참아 주는 것

그게 함께 살기다. (5학년)

함께 살기가 무엇인지 곰곰이 생각해 보게 하는 시다. 교육 현장이면 어느 곳이든 공통으로 애쓰는 가치가 함께 살기다. 혼자 사는 세상이 아니기에 민주 사회에서 민주 시민으로 살기 위해 꼭 필요한 교육이다. 그런데 함께 살기는 쉽지 않다. 가정을 넓힌 학교에서는 훨씬 많은 규칙과 함께 살기 위한 예절이 있다. 더불어 살기는 함께 살기 위한 규칙을 만들어 가는 것이라고 할 수 있다. 공감하고 인정하되 다른 사람에게 피해를 주는 행동을 알아차리도록 끊임없이 이야기하고 풀어내야 된다. 공감과 배려가 눈에 들어오는 게 늦거나 아주 어렵더라도, 함께 살기 위해 필요한 말과 자세를 익히도록 끊임없이 기회를 만들고 계기를 끌어내는 건 쉽지 않지만 교육되어야 한다.

맑은샘학교 어린이들과 선생들은 봄, 여름, 가을, 겨울, 철마다 때마다 집을 떠나 짧게는 일주일, 길게는 열흘을 함께 사는 자연 속 기숙학교를 연다. 지금까지 남쪽으로는 지리산과 섬진강이 있는 하동, 남해, 해남과 청산도, 진도, 동쪽으로는 주문진, 북쪽으로는 원주와 인제, 서쪽으로는 춘장대와 덕적도, 그리고 우리나라 한가운데 괴산을 다녀왔다. 아이들은 자연에서 들살림, 산살림, 갯살림을 배우며 어린이 스스로 제 삶의 주인이 되어, 계절에 따른 자연과 삶의 변화를 겪고, 그 고장의 문화와 역사를 공부하며, 모둠살이를 깊이 느끼고 배운다. 집을 떠나 때론 불편하고 힘든 곳에서 어린이들 스스로 밥을 짓고, 빨래를 하며, 청소를 하며 함께 자고 먹고 놀며 일한다. 해마다 줄곧 자연 속으로 떠났으니 오래 다닌 아이들은 서른 번 넘게 자연 속 학교를 다녔다. 그래서인지 철이 바뀌면 아이들과 선생들은 자연 속 학교를 기다린다. 가끔 어린이들이 그렇게 길게 자연 속 학교를 가는 까닭을 많은 분들이 묻기도 하고 여행과 다른 점이 무엇인지 궁금해한다. 우리는 어린이들은 부모와 함께 살아야 한다고 여기고 도시 속 대안학교에서 어린이 삶을 가꾸며 부모가 함께 자라기를 바란다. 그러나 경쟁과 소비의 유혹이 넘치는 도시 속 대안학교가 갖는 어려움을 뛰어넘고자 우리는 자연 속 기숙학교를 자주 간다. 그리고 그곳의 자연 속에서 마음껏 놀고 일하며, 기숙학교의 장점을 살려 자연이 주는 건강, 감성과 버릇을 어린이 삶을 가꾸는 큰 힘으로 생각한다. 우리가 가는 자연 속 학교가 스쳐 지나가는 여행과 한 번 하고 잊어버리는 체험으로 끝나기를 바라지 않기에, 우리는 같은 곳에 줄곧 가서 우리 아이들을 따뜻하게 맞아 주는 마을과 어른들이 있고 삶이 있는 곳에서 들살림, 산살림을 배운다. 뭐든지 줄곧 할 때 배움이 있고 삶이 있는 법이다. 자연 속 학교에서 아이들은 어김없이 아침 일찍부터 저녁까지 쉬지 않고 놀며, 선생들도 아침부터 저녁까지 쉬지 않고 아이들을 살피고 이끌며 일거리와 놀거리를 찾아 배움으로 버릇으로 이어지도록 애를 쓴다. 그렇게 하나가 되어 주인으로, 더불어 사는 힘을 길러 도시로 돌아오면 도시와 자본과 소비의 유혹을 이겨낼 수 있는 힘이 살며시 들어 있기를 바랄 뿐이다.

6장

삶을 가꾸는
글쓰기

청소년기 학생들과 초등학생들은 확연히 다르다. 어른이 되어 가는 과정에서 발달 단계가 다르니 당연하겠지만 옛날에는 열여덟 스무 살까지를 모두 아동이라 불렀다. 그래서 어린이문화운동사에서는 4·19혁명을 아동혁명으로 불러야 한다고 말하기도 한다. 지금은 어린이, 청소년을 분리하는데 옛날에는 그러지 않았다는 거다. 어찌 됐든 우리말과 우리글 교과는 초·중등 교육 가릴 것 없이 아이들 세상에서 가장 중요하고 모든 교과의 바탕이 된다.

이오덕의 우리말과 우리글 교육

이오덕 선생은 돌아가시기 전까지 우리말과 글을 바로 쓰고 살려 쓰는 데 온 힘을 다하셨다. 언제부터인가 다른 나라 말을 쓰면 더 있어 보이고 세계 시민으로 당연한 게 아니냐고 하는데, 과연 그런지 이야기 나눌 필요도 있겠다.

　말 나온 김에 컵은 우리말로 뭔가? 우리말은 많다. 물잔, 술잔, 찻잔……. 어떤가? 훨씬 더 낫지 않은가? 간식은 새참, 서클은 동아리, 신입생은 새내기, 파티는 잔치, 정말 많다. 하나 더, 한자※ 말로 '채취한다'

는 말은 '(고사리를) 꺾는다', '(고구마를) 캔다', '(상추를) 뜯는다', '(부추를) 자른다', '(배추를) 뽑는다', '(오이를) 딴다'로 말할 수 있다. 이오덕 선생이 쓰신《우리말 바로 쓰기》,《우리말 살려 쓰기》에 많은 보기가 있다.

　귀화어로 정착되지 않은 많은 영어, 일본말, 중국말과 같은 다른 나라 말이 우리말을 해치고 있는 현실을 말하는 것이다. 이미 쓰지 않는 말을 만들거나 많은 이들이 모르는 순우리말만 쓰자는 것이 아니다. 우리말이 외국말에 잡아먹히지 않도록 하고 상황에 맞게 우리말을 써야 현실의 삶을 제대로 표현하고 말속에서 일과 삶을 배울 수 있다는 것이다.

　이오덕 선생은 43년 동안 초등학교 교사와 교감, 교장을 지내면서 동화와 동시를 쓰고, 글짓기를 글쓰기로 바꾼 분, 우리말 지킴이로 우리말 글을 바로 쓰고 살려 쓰는 운동을 벌이신 분, 참교육을 하려면 아이들이 즐겁게 일(놀이)을 하도록 해야 하고, 그것을 가르치는 선생들도 아이들과 같이 일을 해야 하니 교사는 기본으로 '일하는 사람'이라고 주장하신 분이다.

---

* 이주영 선생은 1989년 이오덕의《우리말 바로 쓰기》발간을 1446년 훈민정음 반포, 대한제국 주시경 한글 운동과 더불어 제3기 문체 혁명의 시작이라고 말한다.

어린이 시집을 엮어 펴내기도 하고 시인, 수필가, 문학 비평가, 교육 비평가, 교육 운동가로 50권이 넘는 책을 펴냈다. 크게는 교육, 어린이문학, 우리말 운동에 힘써 오신 분이다.

이오덕 교육 사상, 이오덕 정신을 학교 교육 현장에서 실천하며 이오덕 교육 사상을 줄곧 책으로 펴내고 있는 '한국글쓰기교육연구회'와 '어린이문화연대'의 이주영 선생이 이오덕 선생 참교육 사상, 다섯 가지 이오덕 교육 사상(민주교육, 민족교육, 인간교육, 일과 놀이 교육, 생명교육)을《이오덕, 아이들을 살려야 한다》에 잘 정리해 놓았다.

또 다른 책《이오덕, 교사와 학부모님께 드리는 글》에 있는 "1부 3장 사람교육, 어떻게 할까"에서 이오덕 선생은 "몸과 마음이 건강한 사람으로 키워 가는 일"이 교육이라고 아주 쉽게 말씀하셨다. 첫째는 몸에 병이 없는 사람, 둘째는 사람을 슬기롭게 하는 지식을 가진 사람, 셋째는 사람다운 넉넉한 감정을 가진 사람, 넷째는 도덕성을 가지고 행동하는 사람을 몸과 마음이 건강한 사람으로 볼 수 있다 하셨다.

이오덕 선생이 생전에 하신 말씀인데, 한참이 지난

지금 우리 교육 현실은 어떠한가. 다시 묻는다. 교육 이란 무엇인가.

사실 이오덕 교육 사상을 실천한 곳으로 전국교직 원노동조합 선생들과 아이들의 삶을 가꾸는 한국글 쓰기교육연구회, 어린이도서연구회, 우리말살리는겨 레모임, 한국어린이문학협의회, 마주이야기교육연구 소, 민족문학작가회의가 먼저 떠오른다. 이들은 치열 하게 오랫동안 이오덕 교육 사상을 실천하며 아이들 을 살리는 사람들이다. 더욱이 《살아 있는 교실》,《학 대받는 아이들》,《살아 있는 그림 그리기》를 펴낸 이 호철 선생,《마주이야기, 아이는 들어 주는 만큼 자란 다》를 펴낸 박문희 선생, 옛이야기 작가 서정오 선생, 이오덕 연구가 이주영 선생, 한국글쓰기교육연구회 의 수많은 선생에게서 우리는 배워야 한다. 이처럼 우 리나라 교육의 위대한 성과인 이오덕 교육 사상은 수 많은 학자들이 해석하고 실천하는 교육 운동이고 아 이들을 살리자는 절절한 외침이다.

이오덕 선생은 예순이 넘어서부터 우리말과 글을 바로 쓰고 살려 쓰는 일에 정성을 다하셨다. 시골 할 머니도 잘 알 수 있는 말, 어린이들도 누구나 알아듣

172

는 말을 지키고 살리고《삶을 가꾸는 글쓰기 교육》을 말씀하셨다. 그래서 교사와 부모가 어린이들한테 쉽고 깨끗하고 아름다운 우리말을 들려주어야 하고, 어린이들이 우리말과 글을 소중하게 여기며, 마음껏 표현할 수 있도록 지켜 주어야 한다고 하셨다.

삶에서 나오는 글쓰기

일기. 2008. 9. 21. 해날.
아침엔 조금 쌀쌀하고 점심 나절엔 무지 덥다
오늘은 일기가 쓰기 싫다. 왜 나는 잘 쓰다가 갑자기 쓰기 싫어지는 걸까? 일기가 재미있어지면 좋겠다. 어떨 때는 일기를 쓰면 속이 시원할 때도 있다. 나는 거의 일기를 있었던 일만 쓴다. 느낀 것도 가끔 쓰고 싶다. (3학년)

글쓰기가 아이들 삶을 가꾸는 참 좋은 공부지만 아이들은 글 쓰는 것을 아주 좋아하지는 않는다. 그런데 자세히 살펴보면 글 쓰는 힘이 커 가는 만큼 아이들은 자라고, 자신이 겪은 일은 아주 쉽게 쓸 때도 많다. 정말 글쓰기 공부를 이끄는 선생의 준비가 중요함을 절실히 깨닫는다.

아이들에게 자기의 삶을 바로 보고 정직하게 쓰는 가운데서 사람다운 마음을 가지게 하고, 생각을 깊게 하고, 바르게 살아가도록 하는 교육을 우리는 '삶을 가꾸는 교육'이라고 말한다. 우리는 글을 쓰기 이전에 살아가는 길부터 찾게 한다. 그래서 쓸 것을 정하고, 구상하고, 글을 고치고 다듬고, 감상·비평하는 가운데 세상을 보는 눈을 넓히고 남을 이해하고, 참과 거짓을 구별하고, 진실이 무엇인가를 깨닫고, 무엇이 가치가 있는가를 알고, 살아 있는 말을 쓰는 태도를 익힌다. 아이들의 글은 이런 삶의 과정에서 또는 삶의 결과로 나오는 것이다. (이오덕, 《우리글 바로쓰기 1》, 371~372쪽)

선생들이 글쓰기 전에 할 일 두 가지는 생활 가꾸기와 글을 쓸 수 있는 조건을 갖추어 주는 것이라는 이오덕 선생 말씀을 다시 새길 필요가 있다.

감동이 있는가, 없는가

글쓰기 지도의 목표는 한마디로 마음을 살찌우고 삶을 가꾸는 것이고, 민주스러운 사람을 기르는 것에 있다. 글쓰기를 지도하는 교사들은 좋은 글과 좋지 못한 글을 볼 수 있는 눈이 있어야 한다. 좋은 글은 한마디로 '감동이 있는가, 없는가'이다. 이오덕 선생은 감동은 첫째, 읽으면 곧 알 수 있도록 쓴 글, 둘째, 재미가 있는 글, 곧, 읽을 맛이 나는 글, 셋째, 읽을 만한 가치가 있는 글에서 나온다고 했다.

좋지 못한 글은 무엇을 썼는지 알 수 없는 글, 알 수는 있어도 재미가 없는 글, 자기 생각은 없고, 남의 생각이나 행동을 흉내 낸 글, 어른들이 쓰라고 해서 할 수 없이 마음에도 없는 것을 쓴 글, 사실이 아닌 거짓을 쓴 글, 생활이 없는 글, 곧 머리로 꾸며 만든 글, 꼭 하고 싶은 말이 무엇인지 갈피를 잡을 수 없도록 쓴 글, 글에 나타난 생각이나 행동이 옳지 못한 글, 어른들이 쓰는 어려운 말을 쓴 글, 읽어서 얻을 만한 내용이 없는 글, 곧, 가치가 없는 글, 정성이 담기지 않고 아무렇게나 써 버린 글, 아주 재미있게, 멋지게 썼구

나 싶은데, 마음에 느껴지는 것이 없는 글이다. (이호철,《살아 있는 글쓰기》, 108쪽)

자기가 쓰고 싶은 대로 마음껏 쓴 글을 혼자만 보면 이렇게 쓰든 상관없다. 그러나 모두가 함께 읽는 글이려면 좋은 글에 대한 기준이 있어야 함은 분명하다. 어린이나 어른 모두가 읽는 좋은 책과 좋은 글에서 찾는 감동은 똑같다. 좋은 삶은 자기 자신과 모두를 이롭게 하는 삶이다. 삶을 쓰는 게 글이기에 우리는 좋은 글을 추천하고 함께 읽으며 좋은 삶에 대해 생각할 수 있게 된다.

그런데 갈수록 아이들이 글을 쓰기 싫어하게 만드는 세상이다. 누누이 말해 온 것처럼 스마트폰과 유튜브로 대표되는 영상과 인터넷 매체의 발달, 입시와 자본주의 소비사회가 아이들 삶과 앞날에 쑥 들어와 있기 때문이다. 더욱이 코로나19의 영향으로 교육의 바탕을 묻고 학교의 정체를 깨닫는 때, 아이들이 삶을 말하고 쓰도록 돕기 위해 우리는 어떻게 해야 할까.

알기 쉬운 우리말, 바로 쓰고 살려 쓰자

말과 글은 사상이요 얼이며, 그 시대의 문화이자 권력을 반영하는 거울이라고들 한다. 의사소통을 위해서는 누구나 알기 쉬운 입말과 쉬운 말을 사용해야 하며, 거친 말, 줄임말, 아기 말, 겹말, 외국말보다는 우리말을 바로 쓰고 살려 써야 한다. 말과 글이 주는 폭력이 얼마나 심각한지 잘 알기에, 교육에서는 더욱 힘써야 한다.

그런데 요즘은 텔레비전과 언론, 거리와 우리 생활 곳곳이 영어이거나 정체를 알 수 없는 말 세상이다. 유네스코가 인정한 한글의 우수성을 말하면서도 사실은 실생활에서 우리가 우리말을 얼마나 지켜 가고 있는지 생각해 볼 주제다.

우리는 영어와 한자를 섞어 쓰면 더 유식해 보이고 권위를 세우거나 뭔가 잘난 체를 더 할 수 있다는 생각, 서로 말만 통하면 됐지 뭐 시시콜콜 그러느냐 같은 생각을 하고 사는지 모른다. 물론 보통은 잘난 체하려고 일부러 영어나 한자말을 쓰는 게 아니라 그냥 많이 듣고 써 와서 그렇게 쓰는 게 익숙한 사회에서 살고 있기 때문이기도 하다. 우리말과 글을 바로 쓰고 살려 쓰는 일은 정말 쉬운 일이 아니다. 새로운 말이 홍수처럼 쏟아져 나오기 때문이다. 얼마 전 방송 광고에서 거친 말과 욕을 빼고는 말을 하지 못하는 보기들을 보여 주던데, 우리도 영어 빼고 말해 보면 어떨까?

조금 더 이야기하면, 프랑스 갔다 온 사람은 프랑스어를, 독일어권에서 배운 사람은 독일어를, 미국 갔다 온 사람은 미국말을 풀어놓는다. 다음은 우리가 요즘 흔히 쓰는 다른 나라 말들이다. 언택트, 뉴노멀, 힐링, 와인, 브랜드, 매니페스토, 노마드, 멘토, 트라우마, 뉘앙스, 스쿨존, 키즈룩, 아비투스, 디아스포라, 볼런티어, 노블레스 오블리주, 톨레랑스, 히스토리, 데미지, 파라다이스……. 요즘은 지구촌 시대이고 다국적 기업이 세상을 주무르니 영어로 회사 이름을 바꾸고 다른 나라 사람들과 소통하기 위해서 영어는 써야 한다고 한다. 그걸 부정하는 게 아니다. 다른 나라 말글로 문화를 이해하고 소통하는 도구로 외국말은 충분한 가치가 있다. 그러나 우리말이 있는데도 일부러 영어를 쓰는 마음을 들여다보자는 거다. 혹시나 영어를 쓰면 더 유식해 보이고 멋져 보이고 그럴듯해 보이는 건 아닌지 물어 볼 일이다.

일본식 한자말도 마찬가지다. 일제 식민지를 거치면서 중국식 한자말보다 일본식 한자말을 입에 붙이고 살았다. 지금이야 역전앞은 역앞으로, 한옥집은 한옥으로 쓰는 이치를 모두 이해하지만 우리는 여전히 겹말을 쓸 때가 많다. 우리가 잘 쓰면서도 그 정체를 모르는 일본식 한자말들을 보자.

정종, 망년, 전향적, 십팔번, 우려, 납득, 식량, 곡물, 승합차, 일생, 세면, 결재, 십인십색, 현관, 계단, 슬하, 경기 시말서, 상담, 수순, 냉전, 압력 단체, 미시적, 거시적, 공해, 재택, 가전, 뇌사, 생방송, 고수부지, 신토불이, 버블 경제, 물류……. 정말 많다. 일본식 줄임말도 있다. 아파트, 에어컨, 리모컨, 오버, 인프라, 인플레, 콤비, 에로, 데드볼, 백미러, 리어, 오토바이, 레미콘……. 일본식 발음을 그대로 가져다 쓰는 경우도 있다. 바께스, 엑기스, 레자, 불란서, 구라파……. 이렇게 많은 일본식 한자말이 널리 퍼진 데는 선민의식과 사대주의, 우리말의 바탕이 되는 국어국문학이 일어일문학을 바탕으로 하여 자라났기 때문이라는 비판을 받는다. (임태섭·이원락,《뉴스용어 이대로는 안 된다》, 1997)

우리말 바로 쓰고 살려 쓰기는 한자말, 일본말, 서양말을 쓰지 말자는 게 아니다. 누구나 알기 쉬운 말을 쓰자는 것이다. 다른 나라 말이 우리말을 잡아먹고 무슨 말인지 알아먹을 수 없는 말을 쓰지 말자는 뜻인데, 사람들과 소통하는 데 어느 말과 글이면 어떠냐는 말을 들으면 안타까울 때가 있다. 줄임말과 외국말 쓰는 것까지 뭐라고 말하는 건 지나치며, 우리말과 글을 바로 쓰고 살려 쓰는 것이 오히려 자기 생각을 표현하고 소통하려는 마음을 어렵게 할 수 있다는 말이 그렇다. 인터넷과 똑똑전화에서 쏟아 내는 줄임말과 외국말 법을 소통과 자기표현의 관점으로 봐 달라는 거다.

그래서 거꾸로 우리는 자기표현과 소통을 위해서라도 더 필요한 것이 이오덕 선생이 말한 우리말 운동이고 삶을 가꾸는 글쓰기 교육이란 걸 강조하고 싶다. 물론 당장 쓰던 말을 갑자기 바꿔서 쓸 수는 없는 노릇이다. 누구나 쉬운 말로 자신을 드러내고 표현하는 글쓰기는 아주 귀한 삶을 가꾸는 글쓰기 목표이다. 우리는 교육 현장에서 아이들과 살아가면서 말과 글의 힘이 우리 정신과 자세에, 아이들 삶과 교육에 큰 영향을 준다는 걸 날마다 확인한다. 그래서 바꾸려고 애쓰고 있지만 오랫동안 잘못 들인 버릇 때문에 쉽지 않아 늘 고생이다.

이오덕 선생도 오랫동안 써 온 한자말과 많은 사람들이 쓰는 외래말을 아주 안 쓸 수는 없으나 조심해서 쓰고, 쓰더라도 따져 보고 쓰고 되도록 적게 쓰자고 말했다. 또한 우리말을 너무 지나치게 고집하여 한자말이면 무엇이든지 배척하고 싶어 하는 이들도 우리말 살리는 일을 도리어 더 꼬이고 뒤틀리게 한다고 했다. 우리말과 글로 자기 생각을 쓸 수 있는 말이 생각나지 않으면 그냥 아는 만큼 쓰고 말할 수밖에 없다. 그래서 우리말 운동이 필요하다. 언론과 나라 정책으로 이끌고 많은 사람들이 저마다 애쓸 일이다. 프랑스에서도 그랬지만 우리도 많은 노력 끝에 한글 신문이 나올 수 있었다. 서클이 동아리, 신입생이 새내기로, 엠티를 모꼬지라 말하고 쓰게 된 보기도 그렇다. 늘 그렇지만 불편한 진실을 아는 것에 그치지 않고 아는 사람부터 먼저 삶에서 실천하는 것이 운동이며 세상을 바꾸는 첫걸음이다.

중국글자말은 오랜 역사에서 우리의 삶에 깊이 스며들어 있어, 이제는 그것을 모조리 없앨 수가 없고, 모조리 없앨 필요도 없다. 우리가 몰아내어야 할 중국글자말은 무엇보다도 먼저, 우리 글자로 썼을 때나 입으로 말했을 때 그 뜻을 알 수 없거나, 이내 알아차릴 수 없는 말이다. 이런 말은 우리말이 될 수 없다고 보고, 쉬운 우리말로 바꿔 써야 한다. (이오덕,《우리글 바로 쓰기 1》, 19쪽)

한자말에 붙여 쓰는 일본말 '적'的(객관적, 추상적, 관념적, 환상적, 사회학적, 논리적, 생태적……)은 심각하게 우리말과 글을 어렵게 하고 해치고 있다. 이는 본디 '~와 같거나 비슷하다, ~의 부분이다' 라는 뜻으로 붙이는 말로, 많은 지식인이 즐겨 쓴다.

하지만 이오덕 선생은 '적'을 쓰지 말아야 할 까닭을《우리글 바로 쓰기》에서 열 가지나 들 만큼 자세히 풀어서 우리말과 글을 병들게 하는 말이니 쓰지 않도록 애쓰자 하셨다. 처음에는 '적'이란 말을 쓰지 않으려다 보면 어렵게 느껴지지만 자꾸 말과 글에서 고치다 보면 크게 불편하지 않게 된다. 구체적이란 말은

'구체로' 또는 '하나하나 낱낱이', 객관적이란 말은 '객
관으로'나 '뚜렷하게', 추상적이란 말은 '추상으로'란
말로 쓰더라도 이야기를 주고받는 데 어려움이 없고
듣는 쪽도 마찬가지다. 다만 버릇 들이기가 쉽지 않으
니 처음에는 섞어 쓰는 일이 많을 수밖에 없다. 그래
도 우리말과 글을 살리는 말투와 글이 삶과 교육으로
살아나 아이들 삶을 가꿀 수 있음을 알고 애써야 하
지 않을까?

　말과 글은 그 시대의 정신이다. 그런데도 아무렇
지 않게 정체 모를 말을 만들어 내고, 알맞은 우리말
이 있는데도 버젓이 일부러 서양말과 일본식 한자말
을 즐겨 쓰는 언론과 사람들이 있다. 우리가 쓰는 말
과 글이 그 시대의 권력이 될 수 있다고 생각하고 조
금 자세히 들여다보면, 우리가 사는 세상이 누가 지배
하는 세상인지 알 수 있다. 외국말을 잘하는 사람, 다
른 나라 말과 글을 잘 쓰는 사람이 대접받고 잘나 보
이는 세상의 정체가 무엇인지 조금만 생각해 보면 알
수 있기에, 좀 어둡게 말해서 우리의 얼이 다른 나라
말과 글에 지배되는 현실이 무섭기까지 하다. 이긴 사
람이 모두 다 갖는 경쟁사회, 학벌사회, 돈이 최고라

는 가치를 가르치는 자본주의 소비사회에서 우리말을 바로 쓰고 살려 쓰자는 외침이 얼마나 와 닿을까 싶기도 하다. 하지만 아이들의 몸과 마음을 건강하게 키워 가지 못하는 교육 현실을 외면할 수 없고, 행복한 배움으로 꿈을 키워 가려는 아이들을 위해서라도 삶을 가꾸는 우리말과 글 교육은 절실하다. 이것이 곧 대안교육 정신을 실천하는 귀한 노력이라고 생각한다.

말과 글에는 삶이 있다. 거짓말과 거짓 글, 마음을 해치는 말과 글로 아이들을 가르칠 수는 없으며, 본보기를 보여야 할 사람들은 바로 우리다. 우리에게는 소중한 아이들과 사람들이 있기에 희망을 노래하고 꿈을 꾼다.

글쓰기 지도에 도움 될 책들

윤태규,《일기 쓰기 어떻게 시작할까》, 보리, 1998.
이오덕,《글쓰기 어떻게 가르칠까》, 보리, 1998.
이오덕,《삶을 가꾸는 글쓰기 교육》, 보리, 2004.
이오덕,《시정신과 유희정신》, 양철북, 2020.

이오덕,《신나는 글쓰기》, 지식산업사, 1999.

이오덕,《어린이를 살리는 글쓰기》, 우리교육, 1996.

이오덕,《어린이시 이야기 열두 마당》, 지식산업사, 2001.

이오덕,《와아 쓸거리도 많네》, 지식산업사, 1993.

이오덕,《우리 모두 시를 써요》, 양철북, 2017.

이오덕,《우리 문장 쓰기》, 한길사, 1992.

이오덕,《울면서 하는 숙제》, 산하, 2000.

이오덕,《이렇게 써 보세요》, 지식산업사, 2001.

이오덕,《이오덕 글 이야기》, 산하, 2000.

이호철,《이호철의 갈래별 글쓰기 교육》, 보리, 2015.

지식산업사 편집부,《엄마 아빠와 아기들의 마주이야기》, 지식산업사, 1997.

한국글쓰기교육연구회,《글쓰기 교육의 이론과 실제 I, II》, 온누리, 1990, 2001.

7장

삶을 가꾸는
듣기, 말하기, 읽기

마법의 시간여행

이 책을 보고 어린이도 모험을 할 수 있다는 걸 알았
다. 그런데 그런 걸 하면 어머니가 화낼 거 같아서 못
간다.

2학년 학생

언어는 사상과 문화, 시대를 담고 있고, 소통의 도구이다. 아주 옛날 원시 시대부터 몸짓과 상징체계로, 말로, 글로 발전해 온 언어의 역사를 우리는 잘 알고있다. 말을 잘하고 글을 잘 쓰면 때로는 그 시대의 권력으로 갈 수 있을 정도로 말과 글은 늘 그 시대에서아주 중요한 위치를 차지하고 있다. 요즘 말과 글은어떤가? 어떤 이는 말이 말 같지 않고 글이 글 같지않은 글이 넘치는 세상이라고 한다. 정말 우리는 말과글의 홍수 시대에 살고 있다.

우리 아이들은 말과 글을 어떻게 쓰고 있을까? 도시 속 자본주의 소비사회로 둘러싸인 우리 아이들 말과 글은 시대와 사회를 그대로 비추고 있다. 사람 마음을 해치고 주인으로 더불어 살아가는 것을 막는 거친 말(욕), 놀림말, 거짓말, 줄임말, 외국말들을 흔하게 쓰고 있는 게 현실이다. 말한 것을 그대로 쓰면 글이 되는 것이니, 글 또한 마찬가지다. 한 번 듣거나 읽어서 알아볼 수 없는 말과 글이 넘치고, 정확한 뜻을 알지 못하고 그냥 들은 말을 잘못 쓴 때가 참 많다.

글은 그래도 다듬어 고칠 수나 있지, 말은 주워 담을 수 없으니 더 문제가 된다. 학교에서 회의를 할 때 늘 나오는 큰 이야기가 놀림말, 거친 말(욕) 때문에 생겨나는 다툼이다. 자꾸 말해도 안 되니 학교 회의에 올리는 것이다. 글보다는 말이 아이들 삶에 더 가까이 있는 셈이다. 그런데 자세히 들여다보면 말하기보다 듣기가 더 문제다. 자기가 듣고 싶은 것만 듣고, 남의 마음을 살피지 않고 흘려듣는 것이다. 그러니 자기중심으로 말하고, 부풀려 말하고, 때에 맞지 않은 말을 하게 되고, 거친 말까지 쓰게 되면 다툼으로 이어지게 된다. 결국 듣기와 말하기는 아이들 삶을 가꾸는, 어렵지만 선생들이 정성 들여 애쓰는 큰 공부이자 교육이 되어야 한다.

눈 보고 귀 기울여 듣고, 뚜렷하게 말하기

아이들과 선생들에게 1년 공부 중 으뜸을 꼽으라 하면 "말하는 사람 눈을 보고 귀 기울여 듣고 뚜렷하게 말하기"라고 한다. 처음에는 '제대로 말하고 제대로 말하자.'였는데 '제대로'라는 말이 듣는 사람 처지에서 뭔가 잘못하고 있으니 고치자는 부정의 느낌을 준다 해서 '귀 기울여 듣고 뚜렷하게 말하기'로 바꿨다. 그런데 귀 기울여 들으려면 말하는 사람 눈을 봐야 하는데 그게 참 어렵다. 듣기는 말하는 사람 마음을 아는 것이다. 다시 말해 말하는 사람의 마음을 헤아리고 그 사람 눈을 보고 있어야 하는데 쉽지 않기에 여전히 중요한 공부다. '말하는 사람 얼굴을 보자.', '말하는 사람 눈을 보자.'고 자꾸 이야기하고 듣는 자세와 태도를 바로 하려고 모두 애써야 한다.

선생은 학생들 이야기를 들을 때 더 자세히 살필게 있다. 학생들이 하는 말을 있는 그대로 들어 줘야 하는 것이다. 학생들의 고민이나 슬픔, 화, 궁금함 같은 모든 삶의 이야기들은 반드시 놓치지 않고 들어 줘야겠다. 단, 거짓이나 부풀리는 말은 바로잡아 주며

들어야 한다. 공감하며 듣기, 자세히 듣기, 정직하게 듣기, 작은 것도 귀하게 듣기를 놓치지 말아야 한다.

귀 기울여 들을 때 자기 생각과 느낌, 하고 싶은 말을 뚜렷하게 할 수 있다. 뚜렷하게 말할 때 교사가 가꿔야 할 말하기는 무엇일까?

첫째, 정직한 말하기는 아이들 삶을 가꾸는 일이다. 있는 그대로, 본 대로, 느낀 대로, 부풀리지 않고, 거짓으로 말하지 않고 정직하게 말하는 것은 정직한 삶을 가꾸는 것이다.

둘째, 듣는 사람 마음을 살펴서 말하는 것은 서로 이해하고 때에 맞는 말을 건네는 것이다. 한 번 더 생각하고 말하고, 말로 그치고 실천하지 않는 생활 태도를 살피는 말하기 공부이다.

셋째, 누구나 알기 쉬운 말로 하고, 우리말을 바로 쓰고 살려 쓸 때 깨우치며 줏대 있는 삶을 가꿀 수 있고 소통을 잘할 수 있다.

넷째, 선생과 아이들이 나누는 말하기에서 맺힌 것 없이 하고 싶은 말을 마음껏 하고, 믿고 말할 수 있을 때 삶을 가꿀 수 있고 행복한 생활을 할 수 있다. 아침 열기와 마침회 생활 이야기, 마주이야기, 다툼이나 꾸

중 뒤에 나누는 이야기 모두 그렇다.

학교에서 실천하는 말하기

거친말(욕), 놀림말 하지 않기 – 욕, 사람을 놀리거나, 무시하거나, 업신여기는 말을 하지 않는다. 거친 말과 놀림말은 듣는 사람에게 상처를 주고 자기 마음도 병들게 한다.

줄임말 쓰지 않기 – 상대를 무시하고 놀리고 욕할 때 쓰거나 자기들끼리만 비밀스러운 이야기를 할 때 쓰는 '짱나', '열나', '방가' 따위, 줄임말이 꼭 필요할 때도 있겠지만, 풀어서 이야기할 때 상대에게 차분하게 설명하고 소통하는 마음이 생기는 법이다. 그러니 본디 말뜻을 해치지 않고, 소통이 잘되고, 상황과 처지에 맞게 쓰자는 것이다.

외국말과 외국말법 쓰지 않기 – ~에 있어서, 있었었다, 했어야 했다, 그럼에도 불구하고 '쓸데없는 겹말: 역전앞, 냉수물', '일본 말투, 서양 말투의 입음꼴(피동

사): ~되다+지다'는 되도록 쓰지 말자. 쓰더라도 그 뜻을 잘 알고 쓰자는 것이다. 중국말과 일본말이 우리 말과 글을 잡아먹더니 지금은 영어가 그렇다.

아기 말 쓰지 않기 - 엄마, 아빠, 형아, 똥꼬, 고추, 맘마, 응가, 쉬 따위 말을 쓰지 않는다.

우리말 바로 쓰고 살려 쓰기 - 이미 쓰지 않는 말을 만들 거나 많은 이들이 모르는 순우리말만 쓰자는 것이 아 니다. 우리말이 외국말에 잡아먹히지 않도록 하고 상 황에 맞게 우리말을 써야 현실의 삶을 제대로 표현하 고 말 속에서 일과 삶을 배울 수 있기 때문이다.

기쁨 주는, 좋은 책이란 뭘까?

우리는 왜 아이들에게 책을 읽으라고 할까? 미디어 리터러시 시대에 살면서 굳이 지식과 정보를 얻기 위 해 반드시 책을 읽을 필요가 있을까? 학교 성적과 시 험을 위해서 책을 많이 읽어야 하는 걸까?

그런데 언제나 물음의 목적은 아이들 삶의 행복이

어야 한다. 현재 행복한 삶을 살아가는 데 도움이 되고, 자신의 마음을 살찌우는 게 먼저라는 말이다. 살아가며 겪는 슬픔과 행복, 고민과 갈등 속에 책이 도움이 되고, 책 읽는 과정에서 마음이 자라고 생각이 깊어져야 한다.

그렇다면 이러한 책 읽기는 어떻게 해야 할까? 책 읽는 까닭과 목적이야 모두 다르다 하더라도 언제나 한결같은 것은 책 읽는 즐거움, 책을 읽고 싶은 마음이다. 독서 프로그램으로 책 읽기를 강요하기보다 우리가 가꿔야 할 교육은 책 읽는 기쁨을 맛보며 독서의 즐거움을 알도록 돕는 것이 아닐까?

책 읽기는 아이들이 생각을 키우고 세상을 배우며, 궁금한 것을 스스로 찾아 깨우쳐 가는 힘이다. 아동기나 청소년기나 성인기나 책은 늘 간접 경험으로 생각의 폭을 넓히고 새로운 세상을 열어 준다. 배움은 책으로만 일어나는 게 아님을 모두 알고 있지만, 책은 늘 우리 곁에서 많은 힘이 된다. 책 목록만으로도 훌륭한 교육과정이 될 수 있다. 물론 놀이와 생활이 아주 중요하다는 것을 잊지 말아야 한다.

청소년기에 책을 좋아하거나 그다지 즐기지 않는

태도가 뚜렷하게 드러나기도 하는데, 어떤 부류든 아이들이 책으로 또 다른 세상을 만나는 것은 틀림없는 사실이다. 이왕이면 인문학과 자연과학 서적들을 골고루 읽도록 하고 싶지만 쉽지 않은 일이다. 삶을 가꾸는 좋은 책을 읽는 기쁨은 학생, 선생, 어른 모두가 누려야 한다. 무엇보다 책 읽는 즐거움을 경험해 봐야 한다.

책, 2009년 7월 30일 ☀

난 요즘 순전히 책을 내 유일한 낙으로 삼아 하루하루를 보내고 있다. 공부하다가 머리가 아프고 힘들 땐 책을 통해서 나만의 세계로 간다. 읽다 보면 내가 주인공이 되어서 악당과 싸우고, 주인공의 친구가 되어서 함께 모험도 떠나며 그 세계로 빠져든다. 판타지는 내 기쁨이고 낙이다. 나만의 세계에서 마음을 졸여 가고 감동한다는 것이 얼마나 행복하고 기쁜지 아무도 모를 거다. (6학년)

책을 글감으로 쓴 어린이 글에 책 읽는 기쁨이 그대로 들어 있다. 우리가 책을 읽을 때의 마음이다. 책 속에 빠져 그 세계로 들어가 모험을 떠나고 마음을 졸여 가고 감동하는 경험이 얼마나 대단한 일인지 제대로 알려주고 있다. 이렇게 책 읽는 즐거움을 누리도록, 책 속에 빠져 새로운 경험으로 삶을 살찌우도록 학교와 교사는 무엇을 해야 할까?

부모와 교사가 가장 애써야 할 게 좋은 책을 찾는 것이다. 그런데 좋은 책의 기준은 무엇일까? 다행히 오랫동안 쌓여 온 인류 유산과 훌륭한 교육 실천에서 우리는 책을 고르는 눈을 가져온다. 우리말 글 바로 쓰고 살려 쓰기로 알려진 이오덕 선생은 좋은 어린이 책의 기준을 밝혀 놓았다.

1) 사람다운 마음을 가지게 하는 책

2) 사람의 마음을 자유롭게 하는 책

3) 자기만 잘살고 즐겁게 지내면 그만이란 생각이 아주 잘못되었음을 깨닫게 하는 책

4) 일하는 사람이 훌륭하다는 생각을 가지게 하는 책

5) 민주적인 삶의 태도를 갖게 하는 책

6) 자연에 대한 이해와 사랑을 심어 주는 책

7) 바르고 깨끗한 우리말로 써 보인 책

그리고 아자르[Paul G. M. C. Hazard]는 《책·어린이·어른》이란 책에서 좋은 책이 담아야 할 이야기를 풍성하게 담아냈다.

우리는 이오덕과 아자르가 말한 좋은 책의 기준을 바탕으로, 책 읽기보다 놀이와 생활이 먼저임을 알고, 아이들이 책을 자연스럽게 찾도록 일놀이와 글쓰기에서 끌어내고, 일놀이 교과통합 활동에서 살아난 말과 글 속에 독서 교육이 담겨야 마음을 살찌우고 삶을 가꾸는 교육이 가능하다는 걸 교육 실천 속에서 확인해 왔다. 놀이가 독서를 만났을 때의 관건은 독서의 목적과 책 읽기의 기쁨이 들어 있느냐다. 그러니 사실 책 읽기보다는 역시 책을 찾게 만드는 일놀이 활동에 대한 이야기가 먼저일 수밖에 없다.

어린이도서연구회의 좋은 책들

우리는 "우리 아이들에게 좋은 책을!"이란 구호로 오랫동안 어린이들에게 좋은 책을 권하는 활동을 해온 어린이도서연구회와 동화읽는어른모임이 말해 온 독서 교육의 정신과 철학을 실천하고, 어린이도서연구회가 추천한 책을 학교에 갖춰 놓았다.

책 읽는 즐거움을 바탕으로 선생들과 어른들이 좋은 책을 부지런히 읽고 아이들에게 좋은 책을 골라서 읽어 줄 때, 아이들의 책 읽기는 저절로 된다. 1980년, 어린이 책을 읽고 바람직한 독서문화를 가꾸기 위해 교사와 학부모단체로 탄생한 어린이도서연구회야말로 한국 사회에서 빛나는 교육 실천이자 교육성과이다. 1993년에 어린이문화를 가꾸는 동화읽는어른모임을 결성한 이래 어린이도서연구회는 2020년 12월을 기준으로 12개 지부, 85개 지회, 4,800여 명이 활동하는 한국 어린이독서문화운동의 중심지이다.

어린이도서연구회는 해마다 좋은 어린이·청소년 책을 골라 소개해 왔다. 1995년부터 〈어린이도서연구회가 뽑은 어린이·청소년 책〉을 발간해 왔으며, 20주년을 기념해 2012~14년 3년에 걸쳐 특집호를 발행했다. 2015년부터는 전년도에 출간된 책을 검토해 발행하고 있다. 40년 동안 건강한 도서관 문화, 책을 즐기는 독서문화를 전파하고, 좋은 책을 만들기 위한 출판계의 투자와 노력을 지지해 왔기에, 어린이도서연구회가 추천하는 책에 대한 신뢰는 대단하다. 많은

도서관과 교육 현장, 공부 모임에서 어린이도서연구
회가 추천하는 책을 구입하고 읽고 있다. 어린이도서
연구회 누리집(홈페이지)에 가면 어린이·청소년 책 목
록이 가득하다.

8장

우리말과 글을
가르친다는 것

심심하다

아파서 학교에 못 가는데 너무너무 심심하다. 첫날에
는 좋았는데 그다음 날부터 지루하고 따분하고 심심
하다. 할 건 책 읽기와 신문 보기, 공부하기밖에 없다.
학교에 가고 싶다. 학교 애들은 얼마나 좋을까? 꽃지
짐도 부처 먹고 수영도 하고 또 무덤산에 놀러 다니
고 정말 즐겁겠다. 개네들은 내가 부럽겠지. "얘들아,
너흰 내가 부럽겠지만, 아니야, 오히려 난 너희가 더
부럽단다."

5학년 학생

말과 글은 삶에서 나온다. 삶을 말하고 삶을 쓰는 게 우리말 글 교육이다. 그런데 갈수록 우리는 말글 교육의 어려움을 호소하고, 심지어 아이들의 듣기, 말하기, 읽기, 쓰기 교육이 얼마나 어려운지 절절히 느끼고 있다. 배려와 공감이 살아 있는 듣기와 말하기가 절실하게 필요하다고 말하지만, 말과 글은 삶과 떨어져 교과서와 교실에 갇혀 있다. 자본주의 소비사회의 정신과 낱말이 그대로 교실로 교육으로 들어오는 걸 방치하고 있다. 자본의 언어가 교육의 언어로 들어와 경쟁과 소비를 부추기고, 욕설과 줄임말은 소통을 가로막고, 스마트폰과 수많은 영상은 정교하게 가다듬어야 할 뇌 작용을 가로막고 감각과 순간을 위한 언어 소비로 우리말 글의 지형을 바꾸고 있다.

책을 읽는 문화가 바뀌어 가고, 글을 쓰는 능력을 퇴화시키는 조건으로 가득한 세상에서 우리말과 우리글로 삶을 가꾸는 교육을 실천하기는 갈수록 어렵다. 심지어 부모와 교사들 또한 영상 시대에 알맞은 우리말 글 교육이 무엇인지, 책을 읽고 글을 쓰는 교육이 왜 필요한지, 글을 읽고 쓰는 교육을 위해 무엇이 필요한지 끊임없이 묻고 찾고 있다. 어떤 선생들은 우리말과 우리글 교육에 뚜렷한 철학 없이 세상의 흐름에 편승한다. 심지어 일부는 오염된 말과 글을 그대로 뱉어내면서 아이들을 만나며, 본보기로 삼아야 할 선생 노릇을 하지 못하고 있다.

교육의 바탕은 변하지 않는다

많은 학교에서 교육의 정리를 글쓰기와 발표로 하고 있다. 피피티를 만들어 발표하는 말을 정리하기도 하지만, 경험과 사고를 자신의 입말로 정리하며 뇌의 정교한 작용을 거친 글로 마무리하기도 한다. 그런데 글쓰기를 어려워하는 아이들을 보며 어떻게 지도해야 할지 난감해하는 선생들이 많다. 또한 아이들의 경험과 지식을 어떻게 글쓰기로 연결할지, 어떻게 글을 읽는 능력을 높일지 날마다 고민한다. 더욱이 글 쓰는 것에 두려움을 느끼거나 어려워하는 아이들을 만나면 어떻게 도움을 줘야 할지 공부하고 방법을 찾는 교사들이 많다. 그런데 시대가 바뀌고 아이들 삶이 세상의 영향 아래 있더라도 교육의 바탕은 변하지 않는다.

책 읽기 교육은 부모와 선생이 책 읽는 모습을 보여야 자연스러운 문화가 된다. 선생은 아이들에게 책 읽어 주고, 좋은 책을 추천하며 아이들 삶을 가꾸는 책 목록을 가지고 있어야 한다. 도서 목록은 고민할 필요가 없다. 이미 어린이도서연구회가 초중고 학생들이 읽을 만한 책을 충분히 골라 놓고 추천하고 있으니, 교육 현장에서 어떻게 이 책을 수업에서 통합하며 녹여 낼지를 고민하면 될 뿐이다. 그리고 많은 프로젝트와 일놀이 교육을 하면서 앎과 행함을 뒷받침할 책을 찾아내고 함께 읽고 발표하도록 도와야 한다. 책 읽는 즐거움이란 책 읽는 문화와 분위기를 만들어 내는 교사와 학교의 문화 속에서 싹틀지 모른다. 날마다 우리가 가꾸어 가는 삶을 책 속에서 찾도록 돕자. 삶이 책 속에만 있지 않다는 걸 실천하며, 책 속에서 인류의 슬기와 풍요로운 실천을 찾아내도록 돕자. 영상 매체와 인터넷으로 찾아낸 지식을 책 속에서 다시 확인하도록 도와야 한다.

글감이 많아야 쓴다

글은 삶이고 표현이다. 그러니 날마다 글을 쓰고 자신의 삶을 이야기하도록 뒷받침하는 활동이 있어야 하고, 그것을 글로 쓰는 시간을 충분히 보장해야 한다. 시 쓰기도 글쓰기도 글을 쓸 만한 활동과 경험이 있어야 가능한 일이다. 그리고 글을 쓸 수 있는 분위기와 글을 쓸 수 있는 시간을 충분히 보장하는 것이 두 번째다. 우리는 그렇게 하고 있는가.

서사문, 감상문, 설명문, 논설문으로 대표되는 글의 갈래를 쓸 수 있도록 도우려면 그에 맞는 활동과 토론이 있어야 한다. 누가 언제 무엇을 언제 어떻게 했는지 자세히 있는 그대로 겪은 일을 쓰도록 돕는 게 가장 먼저다. 겪은 일을 쓰는 힘이 늘어나면 자연스레 감상과 주관이 담긴 글이 나온다. 겪은 일을 그림처럼 풀이하는 힘이 설명하는 글로, 삶에서 꼭 해결해야 할 게 주장하는 글, 논설로 나오도록 도와야 한다. 한마디로 말하면 쓸 수 있는 글감이 많아야 아이들은 글을 쓸 수 있다.

다음 단계가 책 속에서 경험을 사유하며 글로 드러내는 것이다. 겪은 일을 아무리 생생하게 잘 쓴다고 하더라도 청소년기의 독서량이 적으면 수준 있는 글이 나오기 어렵다. 책을 통한 간접 경험은 글의 깊이를 더해 주고 직접 경험을 추상과 관념의 언어로 바꿀 힘을 준다. 겪은 일을 그대로 써서 주는 감동도 있지만, 스스로 겪은 경험에 더해 누군가 했던 경험을 함께 녹여 내서 주는 감동도 있다. 그러니 독서는 언어를 끌어내는 중요한 교육 방법이다. 책 밖 세상에도 길이 있고, 책 속에도 길이 있다. 글쓰기 힘은 독서 능력과 같이 간다.

선생이 여러 갈래 글을 볼 줄 알아야 한다

여러 갈래 글을 쓰도록 돕기 위해서는 선생이 여러

갈래 글을 보는 눈이 있어야 한다. 또한 여러 갈래 글을 쓴 아이들의 글을 골라, 때마다 들려주고 보여 주어야 한다. 이오덕 선생이 쓴 많은 우리말 글 책과 이호철 선생이 쓴 《이호철의 갈래별 글쓰기 교육》에 여러 갈래 글의 자세한 보기가 나와 있다. 아이들이 쓴 글을 읽는 선생은 아이들의 마음속에 들어갈 수 있다. 아이의 글을 읽으며 반성하고 성찰하는 게 선생의 삶이다.

글쓰기를 지도하는 방법 가운데 선생이 할 일은 간단하다. 무엇보다도 아이들이 글을 밥 먹는 것처럼 쓰도록 도와야 한다. 자연스러워야 한다는 거다. 또한 글쓰기는 길게 쓰는 게 중심이 아니라 핵심을 전달하는 데 있다. 그러니 분량은 중요한 게 아니다. 다만 여러 갈래 글이 있으니 그에 맞는 글쓰기 교육이 필요하다.

글은 말하듯이 삶을 그대로 표현하는 것일 뿐이다. 아이들 삶에서 글보다는 말이 먼저다. 그래서 아이들이 말하도록 돕고, 말할 수 있는 분위기와 문화를 만들고, 자기 생각을 뚜렷하게 전달하는 공부를 하는 것은 국어 교육과 모든 교과통합 활동의 바탕이다. 그러다 보면 말하기보다 듣기가 얼마나 중요한지 자연스레 알게 된다. 글쓰기는 듣고 말하기에서 시작한다는 걸 자연스레 알게 되는 것이다.

학교에서 날마다 하루 생활을 글로 쓰도록 돕고, 하루 활동을 되돌아보는 글을 쓰도록 수업 활동으로 보장하고, 겪은 일을 글로 쓰도록 계기와 기회를 자꾸 만들어야 한다. 일과 놀이가 그래서 중요하다. 좋은 글은 누구나 알기 쉬운 말, 입말로, 감동과 재미를 주는 글이기에 그런 아이들의 글을 때마다 들려주고 나누고, 일과 놀이에서 살려 내야 한다.

글쓰기 지도 일곱 단계

다음은 이호철 선생이 쓴 《살아 있는 글쓰기》에서 글쓰기 지도 일곱 단계를 뽑아 정리했다.

1. 쓸거리 찾기
먼저 자기가 직접 보고 듣고 겪은 일 가운데 생각이나 느낌이 더 생생한 일들을 떠오르는 대로 찾아 제목을 적어 보게 한다.

〈글감 찾기 지도의 원칙〉

• 무엇보다도 글감을 강요하지 말아야 한다.

• 삶을 있는 그대로 보도록 하는 글감 찾기 지도가 되어야 한다.

• 아이들의 재능을 키워 주고, 생각을 깊게 해 주는 글감 찾기가 되어야 한다.

• 쓰고 싶은 의욕이 왕성해지도록 하는 글감 찾기 지도가 되어야 한다.

2. 글감 고르기

쓸거리 찾기에서 나온 여러 가지 가운데 가장 생생하게 느낀 글감 하나를 골라잡게 한다.

3. 얼거리 짜기

어떤 내용을 어떤 차례로 쓸 것인가 얼거리를 짜서 적어 보게 한다.

4. 겪어 보기

글쓰기에 앞서 겪은 일을 생생하게 되살려 내어 좀 더 또렷이 글의 줄거리를 잡을 수 있도록 얼거리의 차례에 따라 말로 해 보거나 되돌아보게 한다.

5. 글쓰기

얼거리 짠 차례대로 사실과 생각과 감정을 표현해 나가는 단계로 말하듯이 술술 써 내려가게 한다. 쓸거리 찾기에서 나온 여러 가지 글감 가운데 가장 생생하게 느낀 글감 하나를 골라잡게 한다.

6. 다시 읽고 보태어 쓰기

글의 모자라는 부분을 다시 한 번 더 겪으면서 더 자세하도록, 더 정확하도록 보태 쓰게 한다.

7. 글 고치고 다듬기

다 쓴 글을 다시 차근차근 읽어 보면서 모자라는 곳은 더 보태고, 틀린 곳은 고치고, 필요 없는 곳은 줄여 사실과 생각을 충실히, 정확하게 나타내게 한다. 글 고치기는 쓴 사람 자신이 찾아서 하도록 하는 것이 제일 좋다.

글쓰기가 삶을 바꾼다

아이들이 쓴 글을 책으로 엮고, 서로 발표하는 기회를 만들어, 자신의 글이 얼마나 가치 있고 둘레에 영향을 줄 수 있는지 보여 주도록 돕는 것도 좋은 방법이다. 자신의 글이 둘레를 바꾸고 학교를 바꾸고 마을과 세상을 바꿀 수 있음을 알게 하면, 아이들은 글쓰기의 강력한 힘을 맛볼 수 있다. 내가 쓴 글이 부모님을 바뀌게 하고, 선생과 학교를 바뀌게 한다면, 마을과 세상을 이롭게 한다면, 아이들은 무엇을 느낄까? 마을 공원을 바라는 아이들의 바람이 마을 공원 조성으로 그대로 실현되고, 급식에 대한 글이 학교 급식 정책을 바꾸게 하고, 선생의 성찰을 끌어낸다면 아이들은 저절로 글쓰기가 삶에서 멀리 떨어진 것이 아님을 확인할 수 있게 된다. 이것은 시험을 위한 논술 글쓰기가 흉내 낼 수 없는 삶이다. 그래서 아이들에게 마음껏 글을 쓸 수 있도록 돕는 게 먼저고, 아이들의 글이 실제 정책이나 사회를 변화시키도록 돕는 것이 글쓰기 교육의 또 다른 즐거움이다.

학교는 아이들을 위해 있고, 교육은 행복해야 한다

선생들은 무엇을 경계해야 할까? 선생이 쓰는 말과 글이 그대로 아이들 삶에 영향을 줄 수 있다는 것을 놓치지 말아야 한다. 아이들이 쓰는 말의 세계를 잘 아는 건 중요하지만 선생이 앞장서서 줄임말과 외국 말, 정체불명의 말을 쓰는 것은 교육에 도움이 되지 않는다. 소통을 위해서도 그렇다.

아이들과 친해지려고 아이들이 쓰는 말을 써야 하는 것은 아니다. 선생이 말의 뜻과 소통의 언어를 구사하는 모습을 보여 주는 것이야말로 살아 있는 교육이다. 욕을 달고 사는 아이들의 삶을 이해하기 위해 욕으로 소통할 수는 없지 않은가? 욕의 정확한 뜻을 알려 주고, 또 다른 말이 얼마나 대체말로 쓸모 있는지 보여 주는 것, 말하기의 자세와 태도를 보여 주는 게 교사 노릇이 아닐까? 서로 이야기할 마음가짐과 자세를 가다듬고, 학교의 모든 주체가 나설 때 학교의 문화, 말과 글의 문화가 자리 잡힐 것이다. 더욱이 영상 매체와 인터넷에서 쏟아 내는 몹쓸 말과 줄임말은 소통을 가로막고 아이들의 삶을 헝클어 놓는다.

글이란 삶을 쓰는 것이다. 그래서 글쓰기가 소중하다. 사람다운 글쓰기는 쉬운 말로 쓰고, 우리말로 쓰고, 살아 있는 말로 써야 한다. 그런데 지금 사회는 글쓰기를 갈수록 어렵게 만들고 있다. 책 읽기도 마찬가지다. 시험을 위한 독서가 아니라 책 읽는 즐거움, 평생 교육의 동반자로 독서가 자리 잡히려면 우리 사회와 교육이 바뀌어야 한다. 그 길에 온 힘을 다하는 부모와 선생들이 있기에 희망이 있다. 교육이란 몸과 마음을 건강하게 키워 가는 일이다. 학교는 아이들을 위해 있고, 교육은 행복해야 한다.

맑은샘학교의
일과 놀이 교과통합 교육과정

맑은샘학교 일과 놀이 교육과정에는 자연, 마을, 전환, 삶의 기술, 교과통합이 담겨 있다. 이를 바탕으로 관악산, 청계산, 우면산, 용마골과 과천 곳곳을 배움터로 여기며 온 나라 곳곳에서 자연 속 기숙학교를 열어 어린이 스스로가 제 삶의 주인임을 새기고 가꾸며, 이웃·자연과 더불어 살아가도록 돕는다. 생명을 살리는 정직하고 소박한 삶을 자랑스럽게 여기며 바람직한 공동체 문화를 가꾸고 어린이와 교사, 부모가 함께 배우고 자라도록 애를 쓴다. 이를 위해 우리말과 어린이 삶을 가꾸는 글쓰기 교육, 밥살림·옷살림·집살림·들살림·산살림·갯살림 교육, 모둠살이 교육, 일놀이 교육, 통합 교육, 삶을 가꾸는 표현예술 교육, 기본 교과 교육을 한다.

아이들이 어릴 때부터 손발을 적당히 움직여 일함으로써 몸이 자라나게 하고, 슬기가 늘도록 하고, 세상을 알게 한다. 일놀이를 바탕으로 글쓰기, 그림 그리기, 일기 쓰기, 관찰하기, 만들기를 한다. 철마다 때마다 음식 만들기(쑥지짐, 꽃지짐, 솔떡 빚기……), 손끝 활동(물들이기, 비누 만들기, 바느질, 목공, 놀이감 만들기……), 몸놀이(택견, 전래놀이, 헤엄, 씨름, 규칙 있는 공놀이), 노래와 악기(장구, 해금, 피리, 오카리나, 기타, 피아노……), 텃밭 가꾸기가 단계마다 배치되어 있다. 일놀이를 바탕으로 표현 교과와 수학과 과학 공부, 인지 교과가 이루어진다. 밥 짓기, 반찬 만들기, 설거지, 청소하기, 빨래하기와 같은 생활 속의 일이 몸에 배도록 돕는 것을 중요하게 여기고 있다.

또한 일놀이, 자연, 표현 예술, 인지 교육, 어린이 자치회, 모든 교육과정은 아이들의 행복한 삶을 가꾸는 데 있기에, 아이들이 맺힌 것 없이 자기 기운을 잘 살려내도록 뒷받침하는 교육과정, 배움에 홀로 서도록 돕는 마을, 선생, 어른들이 중요하다.

1. 밥살림

1-1. 생활

청소, 빨래, 설거지, 이불 개기, 짐 싸기, 자기 앞가림,
함께 살기, 자연 속 기숙학교

1-2. 논농사(500평)

벼의 한 살이와 기후 변화, 역사, 지리, 사회
볍씨 소독하기, 모판 내기, 모내기, 못줄 만들기, 모
심기, 피 뽑기, 대야 논, 벼 베기, 벼 타작—게상질, 홀
태, 탈곡기, 벼 말리기, 풍구 돌리기, 메통으로 벼 찧
기, 정미소 가기, 농사 달력, 허수아비

1-3. 밭농사(500평)

(봄) 밭두렁 불 놓기, 밭 만들기, 토종 씨앗 모종 내
기, 씨앗 뿌리기(고추, 아욱, 상추, 당근, 옥수수, 오이, 호
박, 땅콩, 가지, 참외, 수박, 수수, 토란, 결명자, 들깨, 참
외……), 고구마·감자 심기, 토마토 순치기('순자르기'
가 표준어-편집자 주)와 묶기, 풀 뽑기, 자루텃밭
(여름) 밀 베기, 밀 털기, 보리와 밀 구워 먹기, 마늘종
따기, 마늘·감자 캐기, 조·팥·콩 심기, 토마토·오이·
가지·참외 따기, 풀 뽑기, 지지대 세우기
(가을) 배추 묶기, 고구마 캐기, 박·호박 따기, 김장 농

사 채비, 배추·무·갓·쪽파 심기, 김장하기, 보리와 밀 심기, 조·수수 베기와 털기, 콩 타작, 돼지감자 캐기

(겨울) 마늘·양파·밀·보리 심기

- 토종 씨앗 농사
- 잡곡 농사
- 거름 넣고 밭 만들기, 풀 뽑기
- 거름 만들기(농사 도구는 삽, 낫, 쇠스랑)
- 음식 수업
- 식물의 한 살이

1-4. 음식

(봄) 냉이, 꽃지짐(화전), 쑥튀김, 쑥설기, 쑥인절미, 쑥지짐, 아카시아꽃튀김, 콩나물 기르기, 아욱국, 호박잎 찜, 쌈장, 죽피 차(죽순), 당근잎 차, 호떡, 꽃차, 고추장

(여름) 마늘종, 감자지짐(감자전), 감자튀김, 감자샐러드, 찐 감자, 토마토퓌레, 토마토케첩

(가을) 솔떡, 고구마순, 식혜, 보리단술, 수정과, 고구마튀김, 고구마샐러드, 고구마맛탕, 찐 고구마, 양갱(고구마, 밤, 팥), 말린 고구마, 감튀김, 사과잼, 가지탕수육, 곶감

(겨울) 김장김치, 도토리묵, 호박 양갱, 밤 양갱, 팥죽, 호박죽, 호박범벅, 두부, 청국장, 무초절임, 짠 무, 무

말랭이무침, 배추지짐(배추전), 귤차, 귤잼, 호박잼, 보쌈, 돼지감자지짐(돼지감자전), 군고구마, 쥐이빨강 냉이, 팝콘, 은행 굽기, 팥죽, 콩 볶기, 수정과, 아몬드 우유, 호박씨, 토란국, 된장, 간장

(제철 과일) 앵두, 자두, 살구, 산딸기, 보리수, 감, 밤

(때마다) 김치지짐(김치전), 떡볶이, 피자, 닭튀김, 샌 드위치, 스파게티, 빙수, 토르티야, 떡, 쌀과자

1-5. 발효

누룩, 발효빵, 누룩빵, 술빵, 찐빵, 보리단술, 식혜, 액 종 키우기, 막걸리, 매실(오매, 백매), 흑마늘

청과 효소(아카시아, 매실, 오이, 산딸기, 감, 레몬, 돼지감 자, 청귤, 유자, 보리수, 쑥, 울금)

장아찌(취나물, 머위, 고추, 양파, 마늘, 죽순, 깻잎, 시금 치, 콩잎)

고추장, 된장, 간장, 곶감, 김치(물김치, 배추김치, 갓김 치, 총각김치, 열무김치, 동치미), 메주

1-6. 흙 빚기

그릇, 잔, 동물과 식물, 접시, 촛대, 놀잇감

1-7. 동물 기르기

닭, 개 기르기, 곤충 관찰

2. 옷 살림

2-1. 바느질

홈질과 박음질, 시침질, 감침질, 꿰매기(양말, 옷), 수놓기, 코바늘뜨기

콩주머니, 천 필통, 인형, 방석, 깃발, 펼침막, 생리대, 피리 주머니, 숟가락 주머니, 카드지갑, 양파그물 주머니, 헤엄 가방, 생일편지 가방, 앞치마, 수젓집, 손수건, 햇빛 가리개, 옷 짓기

2-2. 뜨개질

목도리, 장갑, 모자

2-3. 직조(편물, 직물)

양말목, 장명루, 사진틀, 실, 원형 직조, 장식, 목도리, 직조 틀, 베틀, 레그러그

2-4. 물들이기(염색)

봄, 여름, 가을, 겨울, 철마다 나오는 자연 재료, 양파, 쑥, 쪽, 밤 잎, 대나무 잎, 포도 껍질, 매염제(삭산동, 명반, 황산철, 탄산칼륨)

3. 집 살림

3-1. 목공

평상, 도마, 나무목걸이, 책꽂이, 나무 연필, 시계, 대나무 자, 게시판, 나무상자, 축구 골대, 포장마차, 떡메놀잇감, 자치기, 나무망치와 나무못, 조각 나무, 10의 보수 놀이, 나무와 못, 놀잇감(나무, 대나무, 철사, 실, 줄 따위), 나무 곤충

직조 틀, 외나무다리, 시소, 놀이터, 이름 판, 보물상자, 마을 공원 의자, 전각 도장, 분리수거함, 찻잔 받침대, 숟가락, 젓가락, 밥그릇, 나무의자, 사물함, 책상조리개, 수납함, 책장

3-2. 집짓기

움집, 닭장, 나무 위 작은 집, 나무집(숲속 작은 집), 장작 패기, 모닥불 피우기, 이엉 얹기, 새끼줄 꼬기, 로켓 화덕 만들기

3-3. 상호지지 구조

삼각형, 스타 돔, 다빈치 다리, 그물 침대, 밧줄 놀이와 그물

3-4. 손끝 활동

빗자루(수숫대, 볏짚, 달뿌리풀, 호밀 대, 대나무, 싸리나무), 바구니(지끈, 칡넝쿨, 자연물)

대나무(자, 젓가락, 숟가락, 울림통, 과일 꼬챙이, 물총……)

볏짚 공예(복 조리개, 인형, 이엉 얹기, 새끼줄, 메주 달기……)

한지 공예(한지 조각보……)

궁채와 열채, 종이 접기, 드림캐처, 종이 만들기, 공책 만들기, 천연비누, 천연염색, 압화, 북아트, 그림책 만들기, 나무곤충, 타일공예, 종이 자, 도감, 입체 큐브, 부채, 탈, 소이캔들, 판화, 가방 글씨 써넣기, 빨랫비누 만들기

활동 수학(시에르핀스키 사각형, 프랙털, 칠교, 마술 상자, 하노이 탑, 쪽매 맞춤, 기하학꼴 도형, 카프라, 고누, 선 그리기, 만다라 그리기, 시계 만들기, 전개도, 소포 상자 만들기 따위)

3-5. 도구

망치, 낫, 도끼, 대패, 톱, 지그소, 원형 톱, 전동 드릴, 절삭기

4. 숲속

4-1. 밧줄 놀이

매듭 짓기, 그물 침대, 햇님 밧줄 놀이, 버마 다리, 도르레 줄타기, 그네 달기, 꼬리 잡기, 줄잡고 팽팽……

4-2. 자연 (생태) 놀이

(《사계절 생태놀이》, 붉나무, 참조.)

놀이 활동, 과제 활동, 해설 활동, 토론 활동, 탐구 활동, 역할놀이 활동, 예시 활동

관찰, 기록, 실험, 그리기, 글쓰기, 종이접기, 만들기

(봄) 봄나물과 들나무 이름 맞히기, 봄나물 음식, 들꽃 꽃밭 만들기 / 꽃놀이, 개나리 헬리콥터, 민들레꽃 놀이, 개나리꽃 목걸이, 진달래 화채, 진달래 / 꽃술 놀이, 버들피리, 조릿대 잎 피리, 보리피리, 풀피리, 식물 표본 / 봄철 곤충, 돌멩이로 벌레 만들기, 나무곤충, 곤충 지도, 튀는 벌레 만들기

(여름) 나무의 여름살이, 광합성 놀이, 잎 찾기 놀이, 나뭇잎 물감 찍기, 나뭇잎 탁본 뜨기, 나뭇잎 무늬 종이 만들기, 나뭇잎 도감 만들기, 나뭇잎 가면 만들기 / 냇물에 사는 벌레, 돌멩이, 돌탑, 잎사귀, 조릿대 잎 배, 밤나무 잎 배, 나뭇잎 배, 나무판자 배, 종이배 / 머위줄기 물레방아 만들기, 갈댓잎 물레방아 / 민물고기

(가을) 가을 곤충 / 흙 속에 사는 벌레, 두꺼비집, 흙 그림, 숨은 글자 맞히기, 흙 덜어내기 놀이 / 열매야 놀자(가을 열매) 놀이

(겨울) 산새, 들새 겨울나기 / 나무의 겨울나기, 나무껍데기 무늬 탁본 뜨기, 나무껍데기 수집함 만들기, 자치기, 활 만들기, 불 피우기, 솔잎 놀이, 나무 친구 기록장 만들기 / 겨울 철새 보내기, 솟대 만들기, 오리 만들기……

5. 과학

5-1. 과학 실험

고무 동력기, 열기구, 에어로켓, 모래자석놀이, 식초 달걀 실험, 삼투압(식초, 소금물, 콜라), 군고구마 통과 가마솥연소, 나뭇잎 탁본 뜨기, 철마다 별자리와 신화, 돋보기로 불 피우기, 측우기 설계, 김장, 종이잔 ('종이컵'이 표준어-편집자 주), 전화기로 소리와 파동 배우기, 보리수 효소 담그며 액체·기체·고체 섞기, 콩나물 기르기와 습기 햇빛, 전자현미경 관찰, 태양광발전기 발전량 기록과 그래프 변화, 항아리 기체 실험, 햇볕 건조기로 에너지 만들기, 로켓 화덕, 빗물 저금통, 퇴적암 만들기(지층과 암석), 천연비누, 천연염색과 화학, 발효 효소, 막걸리와 액체 기체 고체,

두부와 단백질 응고, 빛의 굴절, 무지개와 빛의 성질 이야기, 날씨와 구름 이야기, 대나무 자 사포질과 마찰 이야기, 식물 잎 관찰하기(어긋나기, 마주나기, 돌려나기, 무리지어나기), 풀과 나무 도감, 식물 그림, 조개 도감, 달걀 껍데기와 쌀뜨물, 떡살 무늬 만다라, 지도 그리기와 축척, 배(뗏목)와 부력, 요구르트병의 변화, 공기의 힘에서 바람개비와 풍선 만들기……

5-2. 과학관 / 박물관

기후 학교(기후 변화, 음식물 쓰레기, 물, 일회용품, 하수 처리장, 양재천, 과천의 식물, 과천의 새, 재활용하기, 녹색 실천……)

국립과천과학관, 지리산생태과학관, 섬진강어류생태관

국립중앙박물관, 참소리축음기, 에디슨과학박물관, 신재생에너지전시관, 부안시민발전소, 신재생에너지테마파크

6. 에너지

6-1. 고물상
쓰레기 분류, 고물상 가기, 우유갑 모으기, 병 모으기

6-2. 자연 속 학교
에너지 자립 교육을 위한 자연 속 학교(자연 속 여행 기숙학교: 5~9일간)

6-3. 기관 방문
2009~2013년 신재생에너지전시관
2012, 2013년 지리산초록배움터(태양, 바람)
2013, 2014년 에너지 자립섬 연대도(통영), 부안시민 발전소 (신재생에너지)

6-4. 신재생 에너지
2009년 태양광, 풍력, 자전거 발전기 설치
2012년부터 후쿠시마 원자력발전소 폭발사고 뒤 에 너지 자립 교육 강화
태양열 조리기, 로켓 화덕 만들기, 가마솥 설치
2015년 고물상 가기로 태양광 발전기 설치
2017년 고물상 가기로 빗물통 설치, 태양광 포장마 차 만들기

7. 마을

마을 청소, 마을신문, 마을 아나바다 벼룩장터, 마을
방범대, 마을 공동 냉장고, 때마다 열리는 마을 잔치,
마을 기타교실, 마을 책 동아리, 마을 축구단, 마을
김장, 마을 놀이터 조성, 마을 교육 프로그램, 마을
숲속 놀이터, 마을 여행계, 마을 영화제, 마을 숲속
작은 음악회, 마을 카페와 사랑방, 마을 자치회, 시골
공동체와 도시 공동체 넘나들기, 마을 생활 기술학
교, 마을 경로당, 노인 복지관, 소방서, 장애인 복지
관 교류

맑은샘학교의 교과과정표

과목	일놀이		책 읽기	
목표	• 밭농사, 논농사 알기 • 자기 앞가림 하기(청소, 설거지, 빨래 등) • 손끝 활동(집살림, 밥살림, 옷살림)		• 저마다 목표 • 마음을 살찌우는 책 읽기	
때마다	• 절기와 농사, 농사 도구 제대로 쓰기, 텃밭 농사와 자연 과학 • 달마다 손끝 활동 잡기 • 집살림, 밥살림, 옷살림		꼭 읽어야 할 책 정하기 • 주제마다, 달마다 • 문학으로 배움과 세상 읽기	
주기	날마다		날마다	
1학년	자기 앞가림 손끝 활동	도구의 기초 (바느질, 톱, 못과 망치) 뜨개질(가터 뜨기, 조끼 뜨기)	그림책, 옛이야기	〈달마다 주제〉 3월 나, 너, 우리-관계 4월 차이와 차별 5월 뿌리 알기 6월 민주 평화 7월 생명 살림 8월 자유 통일 9월 먹을거리 10월 우리말글 11월 배움 12월 빈곤과 나눔 1월 몸과 우주 2월 성장
2학년			그림책, 옛이야기	
3학년		장난감 만들기 뜨개질(방석, 목도리)	그림책, 옛이야기 창작동화	
4학년			창작동화, 역사, 과학	
5학년		집짓기 필요한 가구 만들기 뜨개질(작품 만들기)	창작동화, 역사, 과학	
6학년			창작동화, 역사, 과학	

글쓰기	그리기	노래와 악기
• 스스로 되돌아보는 힘을 깊게! • 여러 갈래 글을 쓰도록!	• 살아 있는 그림 그리기(자세히 보고 그리기를 바탕으로) – 크게, 비례와 명암, 균형, 움직임, 마음 상상 그리기.	• 해금: 자신있게 켜기, 해금으로 작곡하기 • 풍물: 설장구, 사물놀이, 선반으로! • 장구를 메고 치고 길놀이까지
• 겪은 일 쓰기를 바탕으로 관찰, 일지, 주장 글들을 뚜렷하게 쓰도록! • 좋은 어린이글 읽어 주기 • 맞춤법 익히기 • 문장 연습 줄곧!	• 여러 가지 재료(수채, 수묵, 연필, 물감, 붓…)로 그리기 • 조각, 만들기(목공) • 젖은 그림 그리기	• 자주 연습(날마다) • 장단과 가락을 바탕으로 화음 화성으로! • 학교 노래 만들기
날마다	주마다	날마다, 주마다
겪은 일 쓰기, 시 쓰기, 편지	살아 있는 그림 그리기	크게 마음 상상 그리기	민요, 동요 북, 난타, 리코더
겪은 일 쓰기, 시 쓰기, 편지		민요, 동요 북, 난타, 장구, 리코더
겪은 일 쓰기(서사문), 시 쓰기, 편지		비례와 명암 마음 상상 그리기	민요, 동요 풍물(설장구), 리코더
겪은 일 쓰기, 시 쓰기, 관찰글, 여러갈래 글쓰기(감상문, 극본)		민요, 동요 풍물(설장구), 리코더
겪은 일 쓰기, 시 쓰기, 관찰글, 여러 갈래 글쓰기(설명문, 시나리오, 비평글)		균형 움직임 그리기 마음 상상 그리기	민요, 동요 풍물(사물놀이) 선택(피아노, 해금)
겪은 일 쓰기, 시 쓰기, 관찰글, 여러 갈래 글쓰기(주장글, 시나리오, 비평글)		민요, 동요 풍물(사물놀이) 선택(해금, 피아노, 우크렐레)

과목	몸놀이		과학	
목표	• 자연에서 실컷 놀아 몸과 마음 튼튼하게! • 택견, 전래놀이와 여러 가지 공놀이로 몸과 마음 자라기!		관찰과 호기심 생태과학, 기후학교, 절기와 과학 실험과학, 천문학, 몸과 과학, 생활과학 쓰레기와 환경	
때마다	• 자연에서 실컷 놀기 • 헤엄 배우기 • 택견으로 몸 지키기 • 마당놀이 • 규칙 있는 공놀이(농구, 탁구, 야구, 축구, 배드민턴…)		• 아이들 삶(생활)에서, 학교 공부에서 끌어내기 • 실험·재배·사육·관찰·조사·기록 • 과학관 달마다 가기	
주기	주마다		주, 달, 철, 때마다	
1학년	자연놀이 전래놀이 마당놀이 규칙 있는 공놀이(농구, 탁구, 야구, 축구, 배드민턴…)	헤엄	절기, 곤충, 쓰레기와 환경	소리, 움직임, 식물
2학년		헤엄		
3학년		헤엄 택견		물질, 계절, 동물
4학년		택견	에너지, 물질, 생명, 지구	
5학년		춤		에너지, 땅과 하늘, 우리 몸
6학년		춤		

수학	맑은샘 회의
• 삶의 줏대, 잣대 기르기, 규칙 찾기 • 삶을 가꾸는 활동 수학! 2015 개정 교육과정 • 사칙연산 반복 • 창의력, 문제 해결력 높이기	• 주인으로! 더불어살기! • 민주주의 교육으로!
• 전체로 • 아이마다 • 즐거운 수학! 깊이 있는 수학! • 셈-생명을 살리는 머릿셈 1-12단계 • 문제풀이 수학	뚜렷하게 회의를 이끄는 힘을 기르고 짜임새를 잡아가도록!
주마다 두 번	주마다

수학	수와 셈	선 그리기		맑은샘 회의
양감 익히기, 덧셈과 뺄셈, 십과 백의 보수, 받아올림, 받아내림, 도형(구체물), 측정	수와 셈: 자연수의 사칙연산, 도형, 10진법 놀이	선 그리기 (곧은선)		높은샘 자치회 회의 교육
양감 익히기, 덧셈과 뺄셈, 백과 천의 보수, 곱셈의 기초, 측정(길이, 시간…), 도형(여러 종류), 구구단		선 그리기 (대칭, 도형)		
양감 익히기, 큰수의 덧셈과 뺄셈, 곱셈과 나눗셈, 천과 만의 보수, 측정(온도, 무게…), 분수와 소수, 도형(각, 여러 종류)		선 그리기 (굽은선, 원)	낮은샘 회의 이끔이	
자연수 사칙연산(혼합산), 분수와 소수의 덧셈과 뺄셈, 큰 분수와 소수의 덧셈과 뺄셈, 약수와 배수, 도형(삼각형, 사각형, 다각형), 측정(길이, 단위, 각도)	분수, 소수의 사칙연산, 도형, 초등수학 마무리	선 그리기 (굽은선, 원)		낮은샘 높은샘 회의 (달마다 두 번)
분수와 소수의 사칙연산, 도형(육면체, 넓이), 관계(평균, 비, 할푼리, 비례식), 경우의 수		선 그리기 (전통문양, 만다라)	이끔이	
복습: 분수와 소수의 사칙연산,정수, 도형과 측도(원, 구, 회전체)	수학탐구	선그리기 (전통문양, 만다라)	이끔이	

과목	우리나라 알기 / 세계 알기	길찾기	특별 활동
목표	아침 열기와 마침회, 자연 속 학교, 달마다 있는 계기마다 스스로 알아오고 발표하는 공부로 삼기. 책 읽기, 글쓰기에서 아이마다 방향을 뚜렷이 잡기.	• 나 읽기: 책 읽기, 장점 알기, 글쓰기 • 세상 읽기 • 몸과 마음의 성장	학년별 추억 만들기
때마다	• 아침 열기와 마침회 (스스로 공부와 함께 정리) • 자연 속 학교-고장, 지역, 나라 공부하기(지리, 사회, 풍물…) • 달마다 있는 계기마다 (4·19, 5·18, 6·25…) • 주제마다 –역사 탐방, 박물관 가기(아시아, 아프리카, 유럽, 아메리카)	학교 생활과 자신을 돌아보는 중심을 뚜렷하게 잡고 세상으로 나갈 준비 하기.	• 학교살이 • 야영 • 자전거 타고 한강 가기…
주기	날, 때, 주제 마다		때마다
1학년			
2학년			
3학년			
4학년	고대사, 지리(고장, 나라)		
5학년	고대사, 근현대사, 지리(고장, 나라)	• 나 읽기 • 몸과 마음의 성장	
6학년	근현대사, 지리(고장, 나라, 세계)	졸업 여행, 대안중학교, 졸업 작품, 졸업자 부모 모임, 대안초등 6학년 연대	

영어	영화	자연 속 학교	아침 열기	마침회
일놀이로 실력으로 늘 즐거운 영어! 음식 만들기, 영화 보기, 영어 마을 가기	사진과 영화, 시나리오 짜기, 카메라로 찍기, 영상 만들기	• 자연에서 일놀이로 몸과 마음이 부쩍 자라는 맑은샘 어린이 • 자기 몫, 형 노릇 하기 • 사회, 지리, 역사 탐방	하루 여는 힘을 바탕으로 스스로 공부를 계획하고 발표하기.	하루 닫는 마음으로 하루 공부 되돌아 보기를 깊이 하기.
• 영어 동화책 듣고 따라 말하고 외워 버리기 • 읽기 쓰기 강화 • 문법책 한 권 • 1,000단어 끝내기	• 이야기 만들어 보여 주기 • 또 다른 세상으로 현실 보기	• 길게 가고 일을 많이 하는 자연 속 학교 • 자연 속 학교 고장 공부(역사, 지리, 경제, 자연, 사회)	신문 읽기, 탐구, 이야기 이어 가기, 시 읽기, 토론 연습, 노래 부르기, 손끝 활동, 명상, 만다라 그리기, 산길 걷기, 천자문 읽기	• 하루 공부 기억 하기 • 모자란 공부 챙기기 • 시 읽기 • 손끝 활동 • 명상
주마다	주마다	철마다	날마다	날마다
		• 함께 가는 자연 속 학교 - 봄 - 여름		
	연극과 몸짓	• 낮은샘/높은샘 따로 가는 자연 속 학교 - 여름 갯살림		
영어 동화 듣고 따라 줄줄 말하기	이야기 만들기, 영화 찍기			
영어 동화 듣고 따라 줄줄 말하기, 영어 기초	영화 창작	-가을 산살림(1~4학년, 5학년 자람 여행, 6학년 졸업여행)		

맑은샘어린이, 《맑은샘 아이들》, 맑은샘학교, 2007~2020.

고병헌 외, 《교사, 대안의 길을 묻다》, 이매진출판사, 2009.

김갑수, 《진보적 글쓰기》, 초록비책공방, 2016.

김녹촌, 《글쓰기 나무심기》, 지식산업사, 2013.

박문희, 《마주이야기, 아이는 들어 주는 만큼 자란다》, 보리, 2009.

붉나무, 《사계절 생태놀이》, 길벗어린이, 2009.

비노바 바베, 김성오 옮김, 《아이들은 무엇을 어떻게 배워야 하는가》, 착한책가게, 2014.

서정오, 누구나 쉽게 쓰는 우리말》, 보리, 2020.

어린이도서연구회 엮음, 《재미있는 동화 읽기 어떻게 지도할까》, 돌베개, 1991.

유시민, 《유시민의 글쓰기 특강》, 생각의길, 2015.

이오덕,《민주교육으로 가는 길》, 고인돌, 2010.

이오덕,《삶 문학 교육》, 고인돌, 2010.

이오덕,《삶을 가꾸는 글쓰기 교육》, 보리, 2004.

이오덕,《어머니들에게 드리는 글》, 고인돌, 2010.

이오덕,《어린이는 모두 시인이다》, 양철북, 2017.

이오덕,《어린이책 이야기》, 소년한길, 2002.

이오덕,《우리글 바로 쓰기1, 2, 3, 4, 5》, 한길사, 2009.

이오덕,《우리말 살려 쓰기1, 2, 3》, 아리랑나라, 2004, 2005.

이오덕,《우리 문장 쓰기》, 한길사, 2000.

이주영,《어린이문화운동사》, 보리, 2014.

이주영,《이오덕 삶과 교육사상》, 나라말, 2006.

이호철,《살아 있는 글쓰기》, 보리, 2000.

이호철,《이호철의 갈래별 글쓰기 교육》, 보리, 2015.

임태섭·이원락,《뉴스 용어 이대로는 안 된다》, 삼성언론재단,
          1997.

폴 아자르, 햇살과 나무꾼 옮김,《책·어린이·어른》, 시공주니어,
          2001.

한국글쓰기교육연구회,《글쓰기 교육의 이론과 실제 I , II》, 온
          누리, 1990, 2001.

어린이문화연대, https://cafe.daum.net/children.c.s

한국글쓰기교육연구회, http://www.kulssugi.or.kr